XIN
SHOU
JIAO
SHI
JIN
JIE
SHOU
CE

新手教师进阶手册

（学前版）

徐国民 ◎主编

王晓燕 ◎分册主编

上海教师教育丛书编委会

主　　任　　李永智　　尹后庆
编　　委　　（以姓氏笔画为序）
　　　　　　王　平　　王　洋　　王　涛
　　　　　　戈一萍　　卞松泉　　尹后庆
　　　　　　宁彦锋　　朱益民　　刘　芳
　　　　　　闫寒冰　　孙　鸿　　李永智
　　　　　　李　蔚　　杨　荣　　杨振峰
　　　　　　吴　刚　　吴国平　　陈小华
　　　　　　陈永明　　陈宇卿　　陈　军
　　　　　　邵志勇　　周增为　　赵洁慧
　　　　　　姜　虹　　恽敏霞　　袁振国
　　　　　　奚晓晶
策　　划　　吴国平

新手教师进阶手册编委会

总 主 编　徐国民
副总主编　周　梅　庞维成
总 编 委　（以姓氏笔画为序）
　　　　　王晓燕　刘育蓓　孙　立　朱媛华
　　　　　郑小燕　柳静文　贾晓岚　梁巨慧

本书编委会

主　编　王晓燕
编　委　（以姓氏笔画为序）
　　　　方　莹　朱　宁　许　琴　陆莉琼
　　　　邹　琼　施侃琪　钱　赟　袁　洁
　　　　缪　峻

总　序

教育改革的步伐已经进入了关注教师发展的新阶段。不是因为课程改革已陷于制度性疲倦，不是因为评价改革终将受制于社会发展的瓶颈，也不是因为我们拥有超过千万的中小幼教师队伍，每年有数十万计的青年人正在进入这个领域。课程也好，评价也罢，根本上它们都内在于教师。拥抱"教师的年代"，不在于讨论有多少以教职为生计的人，而在于如何拥有师者的内在品质，值得学生效法，使自己从一名教者成长为一名真正的师者。

关注教师是国际教育改革的普遍趋势

制度化教育确立以来，课程长期占据着学校教育的中心地位。直到20世纪60年代，国际教育界才开始把视线转向教师。这是由于课程、教学、评价、管理这些学校层面的所有改革，最终都离不开教师。尽管半个世纪以来，教师职业到底算不算专业还有不同的看法，但关于教师的专业化问题持续受到广泛关注。

中国向来具有别于西方的教育传统。中国古代教育有重教师、轻课程的传统，唯这种传统并未演化成现代意义上的教与学的机制，更未形成制度化的学校，因此循着传道授业解惑的路径发展教师素养的希冀，愿望虽好，但缺少登梯之阶，难以形成规范。近年来，随着教育国际交流的增进，尤其是上海学生在PISA项目中的表现，引来国际社会对中国教师组织化程度经验的关注，其中教研组和集体备课被认为是两大亮点。因为在西方，教师的教学行为被认为是从属于个人的专业行为，即便是同行也不得任意干预，可以想见，其结果便影响到授业与指导经验的传播。问题是，中国学校教研组的形式究竟以怎样的方式引导教师提升专业能力，尚缺乏充分的论证和公认的成果。理论上来说，一个组织如果确实发生了影响，既有可能是正面积极的，也有可能是负面消极的。教研组对于教师的影响，既未被证实也未被证伪，能否成为经验尚待科学论证。至于集体备课，从不久前在上海对近八千名中小学幼儿园教师所进行的问卷调研显示，面对庞杂的课程事实和众说纷纭的教师要求，一大批成长期的教师从茫然不知所措，到随波逐流；而所谓"成熟期"的教师则顾影自盼地停留在自我经验的世界中，真正知识讲授型教师则难觅踪影。教师发展的局限已成为深化课程改革的短板，这样的局面不改变，教育质量有大滑坡的风险。

教师的成熟需要积累丰富的社会实践

在汉语中，我们把师者称为"老师"，一般解释其中的"老"无义，表尊敬。其实《荀子·致士》中强调了做老师有四个条件，其中一条曰"耆艾而信，可以为师"。古人把五十岁的人称为"艾"，把六十岁的人称为"耆"，把七十岁的人称为"老"。这或是"老师"称谓的早期由来。可见，年龄本是成为教师的一项先决的基本条件。只是在制度化教育出现以后，尤其是以分科为特征的知识传授成为学习的基本形式形成以来，这种年龄的限制才被取消。

古人为什么会对为师者设置年龄限制？是因为教师的职业属性是一名"杂家"，这样的"杂家"不经过长期的、丰富的社会实践积累，是难以炼成的。在今人眼里，"杂家"似乎意味着专业程度低人一等。其实，无论是在古代中国还是在近代西方，强调的都是社会中的个体应具备多方面的才能。孔子所谓的"君子不器"不是在谈"杂家"吗？而马克思关于人的全面发展又何尝不是在谈"杂家"呢？及至当代，"把一个人在体力、智力、情绪、伦理各方面的因素综合起来，使他成为一个完善的人，这就是对教育基本目的的一个广义的界说"（《学会生存》）。这句话表明"杂家"较之于"专家"更近于"完善的人"。教师面对的是多姿多彩的学生，每个学生都有各自的阅历，他们的家庭、他们的生活、他们的所见所闻都不尽相同，每个学生都是一个完整的世界，每个学生又都是一个独特的世界。教师要想成为学生精神生活的指引者，自己必须是一个精神生活丰富的人。而精神生活丰富的基础就是有渊博的知识，不仅是专业知识，而且是与之相关的各方面的知识。

岗位成长已成为教师专业发展的共识

我们拥有成熟的师范教育体系，拥有完备的教师任职制度，是否就意味着我们拥有了优秀教师的培养机制？想要回答这一问题，须明了教师是师范院校培养的吗？教师资格认证制度是从教的当然资质吗？

教师知识与技能的习得途径主要有三种：一是书本阅读，二是课堂知识传授，三是实践体悟。前两种可以通过岗前培养与训练获得，后一种则需要在岗锻炼习得。这就意味着，一名真正合格的教师无法在职前培养中完成，亦无法依靠教师资格认证制度自然解决。这也可以解释为什么近年来相当数量的示范性高中多从综合性大学招收新任教师，是示范性高中教学要求低，还是这些学校无视教育的专业属性？答案显然不是。教师的专业性主要不在于"知"，而在于"行"，即一名教师在从教岗位上的实践、探索、体验、反省和觉悟。可以认为，教师是在岗位实践中自我型塑的，师范院校也好，综合性大学也罢，都不过是为一名教师从教所做的预判性准备。

所谓教学，不是教师从书本上把知识搬家一样送到学生面前，它必须融入教师自己的透彻理解，没有教师的透彻理解很难有学生的透彻理解，以其昏昏使人昭昭的事在教育上是难以发生的。在教师透彻理解的基础上，还必须考虑知识传授的方法。采取什么样的方法，除了教师的个人喜好外，还涉及知识的难易程度、学生的接受程度以及教学资源的承受能力等因素，取舍之间，包蕴着非常丰富的个性化知识。一名真正的优秀教师拥有丰富的个性化知识，犹如中医问诊中的察颜把脉。这种知识无法仅仅通过书本研读和知识传授获得，需要通过实践不断揣摩，从而得到一种内化了的知识。显然，它是一种非常个人化的特殊知识，需要教师在对每个学生"辨症"施教中不断积累，其习得主要依赖于教师的个人努力。由此，可以得到一条简单而又明确的结论：帮助一名从教者，使之成为一名真正的师者。可以说，帮助数以千万计的从教者，使其早日成长为师者，这是今日中国教师教育领域的一项重大课题。

助推教师成为教育的思想者、研究者、实践者和创新者

国家兴旺，教育为本；教育优先，教师为基。持续了半个世纪的教育改革浪潮把教师发展推到了历史的前台。在当代教育的历史进程中，教师不是单纯的任务执行者，而是教育的思想者、研究者、实践者和创新者。在专业发展的路径上，教师的主体地位、精神和意识得到了时代的推崇，教师专业化发展和对教师的重新发现将对教育产生重大影响。可以说，教师问题的重要性已无须讨论，而应考虑如何实践。

新一轮课程改革呼唤着教师创造性地施行教与学的行为。吊诡的是，一大批被应试熏陶出来的青年走上讲坛，

他们却被要求培养有创新能力的学生。面对变化了的教学材料和教学要求,是施教者的一脸迷茫和不知所措。英国教育家沛西·能曾说过,教师是学生学习的最大动力。问题是,迷茫中的施教者如何才能让自己成为学生学习的动力呢?

  基于上述认识,由上海市师资培训中心主持,联合上海师范大学、华东师范大学以及上海教育出版社等单位,倾力研发并打造了这套"上海教师教育丛书"。本丛书由"知会书系""知新书系"和"知困书系"三部分构成,分别聚焦新教师的教学规范、校本的教师研修经验以及优秀教师的成长启示,旨在从岗位上助推有资历和创造性的教师成长,这是我们的理想和愿望。

  鉴于本书系不仅是上海也是国内自改革开放以来第一次全面系统开发的教师在岗培训教材,限于能力和水平,在编写过程中尚有诸多局限和不足,乞教于方家,不吝批评指正!

上海教师教育丛书编委会
2017 年 4 月

序

  新教师是基础教育的未来和希望,从 2012 年起,上海市基础教育系统全面实施见习教师规范化培训制度,多年来,杨浦区采用"3+1"的"全进入浸润式"培训模式,开展了中小学和幼儿园见习教师规范化培训,形成了"名师领衔、骨干带教、团队合作"的带教模式,为见习教师的专业化发展道路奠定扎实的基础,帮助其实现教师梦、感悟教育情,为杨浦基础教育的长远、优质、均衡发展埋下滋润的花种。

  每名新教师在入职的起跑线上都会碰到许多问题和困惑,面临着所执教的学校环境、生源质量、文化传统等的差异。我们结合职业认同与感悟、课堂教学经验(保教实践经验)、班主任工作体验(育儿指导体验)、教师专业发展这四大模块开展全方位的规范优质培训。本丛书收集了有经验的优秀带教教师就杨浦区见习教师在规范化培训过程中遇到的近 300 个"疑难杂症",为见习教师的真问题"诊断解惑",给见习教师提供经典、实用的解决办法。此本《新手教师进阶手册(学前版)》即系列丛书之一。丛书分为学前、小学、中学三个学段，尝试将其编写为"口袋书"，作为见习教师规范化培训用书，便于见习教师在教育教学实践中遇到难题时查阅和使用。

古人云："千里之行，始于足下。"多年来，杨浦区积累了许多有益经验，着力开发"见习教师规范化培训系列教材"，期冀涵盖见习教师应知应会的基本能力点。见习教师规范化培训作为杨浦区教师培训工作的重要环节，将见习教师的发展与杨浦教育的发展紧密结合，初步形成由职初教师、胜任型教师、业务精干型教师和专家型教师组成的"一体化"教师教育发展体系。

上海市杨浦区教育局

上海市杨浦区教育学院

2018 年 8 月

目 录

一、研学

1. 如何制订个人三年规划 /2
2. 如何撰写学期计划 /5
3. 如何撰写学期总结 /8
4. 新教师如何备详案 /11
5. 如何撰写听课记录 /14
6. 如何写活动评价 /17
7. 如何参与教研活动 /20
8. 如何设计学习活动的导入环节 /23
9. 如何提高幼儿参与学习活动的积极性 /26
10. 如何让学习活动的操作环节更有效 /29

二、活动

11. 如何安排幼儿的运动负荷 /34
12. 如何发挥教师在运动中的支持作用 /37
13. 如何在运动中激发幼儿的兴趣 /40
14. 如何组织体弱幼儿运动 /43
15. 如何在运动中体现"野趣" /46
16. 如何培养幼儿自主用餐 /49

17. 如何教幼儿使用筷子 /52
18. 如何培养幼儿的午睡习惯 /55
19. 如何做好午睡护理 /58
20. 幼儿总是尿湿裤子怎么办 /61
21. 如何引导幼儿洗手 /64

三、合作

22. 运动前"三位一体"如何准备 /68
23. 运动中"三位一体"如何站位 /71
24. 午餐中的"三位一体"怎么做 /74
25. 如何开展"三位一体"例会 /77
26. 如何做好交接班工作 /80
27. 如何在大活动中体现合作 /83
28. 如何合作应对突发情况 /86
29. 新教师如何融入团队 /89
30. 如何与管理者沟通 /92

四、环境

31. 如何创设自助点心区环境 /96
32. 如何创设良好的进餐环境 /99
33. 班级环境如何体现有序性 /102
34. 如何设计主题墙 /105
35. 主题环境的内容来源于哪儿 /108
36. 如何创设午睡环境 /111
37. 如何创设盥洗室环境 /114
38. 如何创设自然角 /117
39. 如何创设角色游戏环境 /120
40. 如何创设"家园园地" /123

五、家园

41. 家访前如何做好准备工作 /128
42. 家访时如何交流 /131
43. 家长会前要做哪些准备工作 /134
44. 如何确立家长会的内容 /137

45. 如何调动家长参加家长会的积极性 /140
46. 家园沟通的主要形式和内容有哪些 /143
47. 如何与个别家长沟通 /146
48. 家园活动的类型有哪些 /149
49. 如何组织家园活动 /152
50. 来离园时如何与家长沟通 155

六、其他

51. 如何让离园井然有序 /160
52. 教师离园前如何做好班级管理 /163
53. 如何护理体弱幼儿 /166
54. 如何引导特殊幼儿 /169
55. 如何养护肥胖或营养不良的幼儿 /172
56. 如何开展安全教育 /175
57. 如何防控传染病 /178
58. 如何预防幼儿意外伤害 /181
59. 如何引导幼儿安全自护 /184
60. 新教师如何穿着才得体 /187

1 研 学

　　研学（基础），教学发展的核心动力。

　　幼儿园里有很多案头工作都是与幼儿园教育行为、管理行为等相关的文字工作。对新手教师而言，案头工作是一项最基础的工作，它能帮助新教师有目的、有计划、有步骤地实施教育教学活动；也能让新教师在及时的分析和反思中，梳理方法、总结经验，从而更快、更有效地提升专业能力。

　　本章针对新教师经常涉及的最基本的文案工作，如：各类规划和计划的制订、学习活动的设计、听课评课的记录等，着重介绍相关文本的基本要素、关键内容的撰写要点和可能出现的误区。

1. 如何制订个人三年规划

 问 题 岛

面对幼儿园众多的案头工作,新教师雯雯对个人三年规划的撰写最为头痛,打开电脑却无从下手。新教师如何制订个人三年规划?雯雯很茫然……

原理接轨

个人三年规划是指教师结合自身的优势和不足，对自己三年内在专业上的成长有一定预期，并通过不断地反思和探究来提高自身专业发展意识，进而逐渐达到专业成熟的境界。新教师必须根据自身特点制订个人三年规划，自觉追求专业发展，提高专业水平。

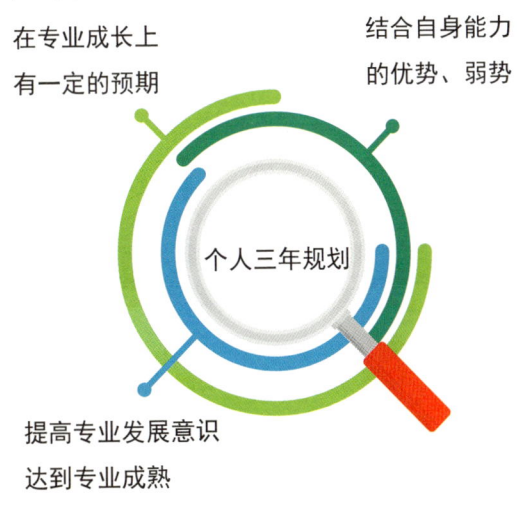

 ### 驾驶指南

1. 清楚规划的基本格式

（1）教师基本情况

个人信息（姓名、性别、出生年月、工作年月、专业、学历、进修学校等）

（2）教师自身分析

优势　　不足

（3）预期目标及措施

第一年　　第二年　　第三年

2. 了解规划的主要内容

在撰写个人三年规划时，首先，要对学校的三年规划有所了解，并与学校工作内容有所对接；其次，要分析工作的任务和要求，明确自己要做什么；最后，阐述工作的方法、步骤及拟采取的措施。

3. 掌握规划的一般步骤

第一步：查阅学校三年规划相关内容，明确自己制订规划的方向。

第二步：认真分析自身具体情况，将优势、不足剖析透彻。

第三步：按照规划内容，确定自己的工作目标、任务、要求及完成目标的具体措施。

第四步：在实践工作中修订和完善个人规划。

请结合自身情况，尝试制订一份个人三年规划。

延吉幼儿园　缪　峻

2. 如何撰写学期计划

新学期到来，各班又开始制订学期计划，新教师小孙眉头紧锁，向教研组长询问："计划怎么写呢？有哪些基本要素？目标和措施有什么区别？"

 **原理接轨**

学期计划是指导班级各项工作全面、有效开展的规划,包括班级日常教育教学工作、家长工作等方面的内容。学期目标是教师想要达到的目的或标准;措施是根据目标所采取的适宜活动形式。

学期计划

 驾驶指南

1. 班级情况分析

简要阐明班级中男女生的数量或比例,以及特殊幼儿和教师的情况等。

2. 班级优势表述

根据幼儿的年龄特点,写出班级中幼儿表现比较突出的方面。

3. 薄弱因素分析

从家庭、幼儿、学校教育三个方面进行分析，薄弱因素就是本学期的重点发展目标。撰写时注意与上学期小结中的不足相结合，并且要注意用词。同时，薄弱问题不宜过多，一般1~2个。

4. 学期目标

幼儿园课程实施方案中有各年龄段统一的学期目标，各教研组要统一上、下学期的学期目标，并且目标中要突出班级重点目标，将其作为本学期班级工作的重点。

5. 家长工作

主要写本学期家长工作的具体内容、途径、方法以及时间安排等。另外，老班级要着重写上学期家长工作开展后的一些情况（优势与不足），新班级则要注重分析幼儿的家庭情况。撰写时要注意与班级薄弱环节中的家长因素相匹配，分析采取哪些措施来纠正幼儿的不良习惯。

请尝试制订一份新小班第一学期的班级学期计划。

延吉幼儿园　方　莹

3. 如何撰写学期总结

小磊老师工作一年了,他将一份学期总结交到园长室,分别阐述了孩子的发展情况(语言发展、社会性发展、生活能力、观察能力等)以及四大板块主题内容、家长工作情况、三位一体配合情况、大活动开展情况等。几天后,园长室反馈的评语是:"面面俱到,没有重点,看不出本班一学期工作的特色……"小磊老师一脸茫然……

 **原理接轨**

学期总结是检验学期计划执行情况的手段,是针对一学期幼儿教育教养情况的梳理与反思,也是下学期计划制订的主要依据。写学期总结,要注意以下几点。

 关注幼儿的持续发展

 关注家长的有效协作

 关注具体的创新做法

 驾驶指南

1. 对照学期计划进行总结

(1)重点工作:针对本学期重点,采取了哪些有效措施或开展了哪些有针对性的大活动?

(2)主题活动:挑选一些比较有特色的主题活动,说说在活动开展过程中有哪些亮点?活动促进幼儿获得了哪些方面的发展?

（3）家长工作：围绕班级重点，采取了哪些途径和措施以加强家园的互动联系？

（4）不足之处：将本学期还需进一步加强的工作进行梳理，作为下学期重点工作的提示。

2. 围绕班级薄弱环节进行总结

在学期计划中，教师常对班级薄弱环节进行分析，并将其作为学期工作的重点，努力采取一系列措施促使幼儿在这些方面有所转变。在学期总结中可以采用类似"专题小结"的形式，阐述教师的具体做法及取得的成效和反思等。

请围绕本学期班级的薄弱环节，撰写一篇学期总结。

延吉幼儿园　方　莹

4. 新教师如何备详案

问题岛

教研组会议中,组长说:"今天我们探讨的是半日活动的备课情况,我们组的新教师较多,新教师的半日活动备课大多写得过于简单,需要备详案。"刚入职的小李老师说:"要多详细才算详案呢?"新教师小张也说:"写详案确实一头雾水,不知道从何下手。"老教师们你一言我一语地为他们出主意。

 原理接轨

备详案是指制订详细的一日活动工作计划。教师应深入研究《幼儿园教育指导纲要（试行）》和运动、生活、学习、游戏等相关的教材，明确教学目标、教学重点和难点，进而使用合适的教育策略、预设合适的教学提问等。同时，除了备教材之外还要备幼儿，即了解幼儿的已有经验，关注幼儿的兴趣点等。

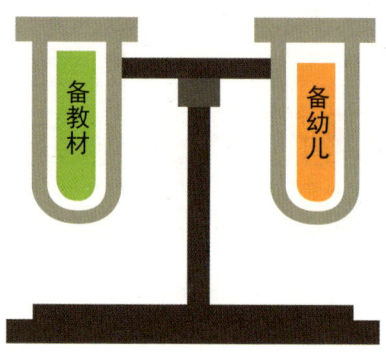

 驾驶指南

1. 四大板块详细清晰

半日活动的四大板块内容中的每一个板块都要有目标、准备、流程，围绕月、周计划大目标完成半日活动的详细备课内容。

2. 文本内容思路清晰

各个板块的详细教案中要注意有提问、小结、过渡语以及重点难点，以便于新教师在活动中能有的放矢地围绕各个板块的重点内容组织活动。同时，也要在预设的半日活动中做好充分准备，充分预估幼儿可能出现的所有情况，以应对突发状况。

3. 活动反馈及时有效

半日活动中的最后一部分是撰写活动反馈，对新教师来说每日的活动反馈也应根据实际情况详细反馈。可以从四大板块中某一环节的实践进行重点反思，也可切合实际具体总结学习活动实施过程中的所得所感，从而反思自己的目标达成度、环节设计、教学策略、教师提问以及回应等。

请尝试撰写一日活动中四大板块的详案，并结合实践情况撰写活动反馈。

延吉幼儿园　翟海庭

5. 如何撰写听课记录

一天，幼儿园开展听评课活动，在观摩"摩擦"活动后，带教教师看着见习教师小陈的听评课记录说："你刚才怎么什么都没有记啊？"

小陈满脸困惑地说："我刚才都录下来了，回去再看呀。"

"那你一会在听评课的时候怎么说呢？"带教教师提出了质疑。

"那我就对着活动计划说一下感触最深的环节。"小陈抓了抓脑袋，"我觉得这节课挺好的。"

"好在哪里，你有具体的语句或例子证明吗？"带教教师语重心长地说，"观摩活动记录很重要，既要记下重点，又要写下对你自己有帮助的内容。"

小陈听了感觉自己是不太应该，但又不知道听课记录该怎么做。

听评课属于一种对课堂进行仔细观察的活动,对了解和认识课堂有极其重要的作用。课堂上许多司空见惯的问题,经过听课者的自觉观察,可以发现很多值得深思的地方。听评课是提高教师专业素质的一项重要活动。

1. 记录重点提问和环节小结

围绕活动的目标,记录教师在各个环节中有哪些重要提问。比如"摩擦"这个活动,在幼儿操作之前教师提了什么问题,有什么要求?活动后,在幼儿交流前,教师的提问是什么?教师针对"摩擦"这个概念是怎么解释的?活动各环节结束或交替的时候,教师通常会有一个较清晰的总结归纳,这些语句一般都是规范、完整、高度概括的,所以必须做好记录。

2. 记录幼儿回答和教师回应

记录幼儿的回答,一来可以了解提问的适切度,二来也可以解读幼儿语言发展的特点。教师的回应有的是对幼儿回答的概括提升,有的是对幼儿的启发,有的是对幼儿的鼓励。特别是听优秀教师活动的时候，要记下他们赞美、鼓励幼儿的语句。

3. 记录疑问想法

在听课过程中，困惑和不理解的地方要及时记录，随后在评课的过程中提出。

4. 记录显个性

在记录时要有一些方法，以便自己以后能清楚回忆现场的情形。建议教师用不同的符号或区域来区分教师和幼儿的语言，并列出自己的问题、困惑和建议等。

请结合近期的听课活动，尝试用自己的方式进行记录。

延吉幼儿园　王晓燕

6. 如何写活动评价

问题岛

有一次，观摩一节优质活动"小鸡和小鸭"（语言领域活动）后，班主任要求见习教师即时完成一份观课评析。有的教师说："我就觉得活动很好，没什么可写的。"也有的教师说："我是来学习的，只记录了老师的话，但是不知道怎么分析……"

 原理接轨

一般来说,评价一个学习活动可以从目标制定、环节设置、问题设计与小结、师幼互动和材料提供等几个方面进行。见习教师观摩的都是一些优质的学习和游戏活动,教师要带着学习任务去寻找活动的价值,发现活动的亮点。

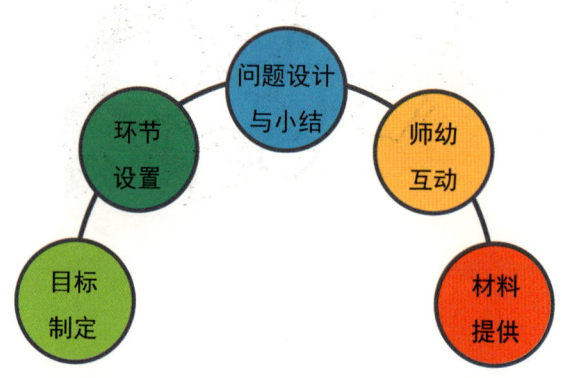

 驾驶指南

1. 看目标的制定

分析目标中的用词如何体现维度的统一(都指向幼儿还是都指向教师);如何凸显领域特征(如:"比较观察"等词偏向探索活动,"讲述表达"等词偏向语言活动,"感受旋律"等词偏向艺术领域);

如何体现年龄特点（如："乐意模仿"大都指向小班幼儿，"能较完整地表达"一般指向中班幼儿，"能完整连贯讲述"则指向大班幼儿）等。

2. **看环节的推进**

分析环节的设计如何围绕目标层层推进；分析活动的形式和材料如何体现年龄特点；如何引发幼儿的兴趣（如：从教师示范讲述到引导幼儿在符号提示下讲述，再到幼儿自主观察独立讲述）。

3. **看提问的设计**

分析提问如何体现层次性和多样性（如：图片上是谁呀；小鸡小鸭有哪里不一样）。

4. **看师幼的互动**

分析教师的站位，听听教师如何回应幼儿，如何面向全体幼儿。

录下一个完整的优质活动，仔细记录每个提问，自己照着详案上一遍并录像，然后再将自己的活动和优质活动对比，寻找差异，分析原因。

延吉幼儿园　王晓燕

7. 如何参与教研活动

有一天,大组教研的内容是角色游戏交流分享的点有哪些。组长发现见习教师小董总是闷头记录,只是在最后布置任务的时候很积极地回应。其间,搭班教师也鼓励她说说自己的想法,可是她总说:"我要先学习学习,还没有什么经验和方法……"

原理接轨

教研活动是以教师为研究主体，共同探讨在课程实施过程中遇到的真问题，从而进一步促进儿童的全面发展，提升教师专业能力的实践性研究活动。作为活动的主体，教师要共同参与活动主题的制定，认真做好研讨准备，并积极参与互动讨论。

教研活动

驾驶指南

见习教师虽然缺乏实践的经验，但依然可以在教研活动中体现主体地位。建议可以从以下几个方面进行思考和尝试。

1. 查资料

可以到《上海托幼》《学前教育》等期刊或学前教育网上查找和游戏交流分享研讨相关的理论和实践经验，让自己学在前。

2. 说做法

一般来说，教研组长会在当天教研活动后布置下次研讨的重点。作为教研主体，教师应在接下来的实践中将重点放在交流分享环节，要记录幼儿的表现，记下自己的分享点，为大家提供交流的素材。

3. 讲困惑

还可以列出在交流分享环节遇到的问题或"窘况"，让大家一起出点子。

如果下次教研活动的主题是"角色游戏交流分享中的提问"，你会怎样来做准备呢？

延吉幼儿园　王晓燕

8. 如何设计学习活动的导入环节

"小朋友，今天杨老师给大家讲个故事……"每次新手教师小杨都会单刀直入地开始上课。"老师，讲什么呀？""老师，我不想听。""老师，每次都是这样，没劲！"在座的幼儿有些茫然，有些反感，有些甚至还蠢蠢欲动。如何让教学活动中的导入环节变得生动有趣，从而吸引幼儿的注意呢？

 **原理接轨**

导入是教师在新的教学内容或教学活动开始时,引导幼儿进入学习的行为方式。好的导入能够引起幼儿的注意,激发他们的学习兴趣,帮助教师更好地开展教育教学活动。

 驾驶指南

在日常教学中,导入环节的形式丰富多样,不同的导入方法对教学活动会起到不同的作用。

1. **直接导入**

"开门见山"式的导入,幼儿可以直接切入主题,了解教学活动内容,简洁明了。

2. 趣味导入

教师可根据活动内容创设情境，利用故事、猜谜或游戏等进行导入，能够快速吸引幼儿的注意力，调动幼儿的学习兴趣。

3. 操作导入

教师通过实物操作、教具演示或小实验等，化抽象为具体，促使幼儿进行有效观察，活跃幼儿的思维，提升他们的学习经验。

请选择一节学习活动，设计三种不同的导入方式开启教学活动。

延吉幼儿园　陈　靓

9. 如何提高幼儿参与学习活动的积极性

问题岛

　　小何老师正在开展集体教学活动"男孩女孩排排队"，忽然回头问道："男孩女孩可以怎么排队？"只见座位上的幼儿不理她，自顾自地说话，交头接耳。"你们听明白了吗？谁可以来回答这个问题？"小何老师焦急地问道。依然没有几位幼儿举手。这时从远处传来一声嘀咕："怎么还不吃饭？"小何老师哭笑不得。

学习活动是指教师围绕活动目标，有组织、有计划地指导全体幼儿开展的集体教学活动。提高幼儿参与的积极性涉及整节活动的目标制定是否符合幼儿的年龄特点、环节设计是否合理、教师的组织引导是否有效、教师的指导语和教态能否吸引幼儿等。

驾驶指南

1. 从兴趣入手

在设计集体教学活动时，充分考虑幼儿的兴趣爱好，将其作为活动素材或将其融入活动形式中。合理制定活动目标，使其符合幼儿的年龄特点及兴趣特点。

2. 营造活泼气氛

教师在设计和实施教学活动时要注重结合幼儿的年龄特点，尝试运用丰富多彩的多媒体或活动道具，设计有趣味性的活动环节，在生动活泼的氛围中，牢牢抓住幼儿的注意力。

3. 指导语清晰

教学活动中，教师的指导语要清晰，对问题的小结应简洁明了，以帮助幼儿理清思路。指导语要紧扣目标要求，带动幼儿参与活动。

4. 把握有效时间

应兼顾幼儿的年龄特点，避免教学活动时间过于冗长。小班幼儿维持在15～20分钟，中班幼儿为20～25分钟，大班幼儿则以30～35分钟为宜。

5. 增强互动性

在集体教学活动中可增加幼儿操作环节，动静交替，鼓励幼儿参与互动，加深对教学内容的理解。

设计一节"娃娃家"主题下的小班语言教学活动。

延吉幼儿园　陈　靓

10. 如何让学习活动的操作环节更有效

  小李老师执教了一节大班集体教学活动"神奇的水"，活动新奇有趣，环节清晰。但在活动过程中总是出现"老师，他不让我做。""老师，水打翻了。""老师……"等情况，幼儿操作等待和争执不断。这让小李老师十分困惑。

操作是幼儿学习感知事物、发展思维能力的基础,它能调动幼儿的各种感官,帮助幼儿主动获得知识和技能,是幼儿园活动中必不可少的环节。操作材料则是教育的媒介,能帮助幼儿系统地建构知识并引导幼儿主动探索、主动学习。

操作环节的设计对于活动的有效性起着重要的作用。教师在设计操作环节时一定要注意操作材料与幼儿的互动,并明确活动要求,使幼儿通过操作环节更好地进行自主探索。

1. 材料数量

操作环节中,教师一定要根据活动人数及活动内容合理准备操作材料的数量,材料应多于活动人数,以备不时之需。

2. 材料摆放

(1)操作材料的摆放有暗示作用,比如几份材料对应几位幼儿,引导幼儿快速找到自己的操作位置。

(2)操作材料的摆放应适宜,避免过度拥挤,阻碍幼儿的操作。

3. 要求清晰

操作前,教师应明确操作要求(材料的使用、行为规范等);操作中,教师巡回指导,强调操作要求;操作后,幼儿交流分享,教师总结,帮助幼儿巩固操作材料要求。

新手试驾

自己尝试设计一节数学活动课,并将操作环节中的细节详细记录下来。

延吉幼儿园　陈　靓

2 活 动

　　幼儿园有四类活动,即生活、游戏、学习、运动,它们构成了幼儿在园的一日生活。作为教师,应在幼儿日复一日的共同生活中,指导和帮助幼儿养成良好的生活习惯,形成直接的经验体验,培养运动兴趣,激发探索欲望,关注个体差异,促进幼儿身心健康、和谐发展。

　　在一日活动中,新手教师会遇到许多问题和困惑,他们最不感兴趣也最容易忽视的是生活活动。本章侧重指导新教师掌握一日活动中生活环节的观察要点和指导方法。在实际操作过程中,新手教师要多借鉴他人的经验,多实践、勤思考,既要敢于提出问题,也要能亮出自己的观点,并通过同伴间观点的相互碰撞提升自己的专业水平。

11. 如何安排幼儿的运动负荷

 问题岛

琦琦和凯凯经常在运动中玩得满脸通红、汗流浃背，教师看见后会及时请他们到休息区休息。中午教研活动时，有教师说道："运动量大的幼儿除了及时休息之外，还有哪些调节运动量的方法？""冬天的时候，如何让幼儿动起来以达到适宜的运动量？"

 **原理接轨**

运动负荷是指人在运动过程中所承受的生理负荷,包括运动量和运动强度两个方面。在锻炼时只有运动负荷保持适宜,才能收到较好的效果,运动负荷过小或过大都不合适。教师在幼儿运动的生理负荷安排上,要做到高密度、低强度,活动时间不宜过长。在运动量的控制上,开始时要先提升,活动结束前再逐步下降。

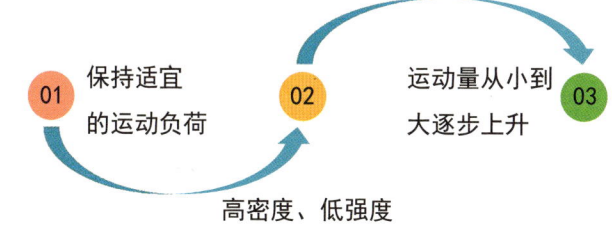

 **驾驶指南**

组织幼儿运动时,教师要合理安排和控制幼儿活动的密度及活动量。

1. 有效结合

活动中,教师要注意幼儿上肢与下肢活动的结合、运动强度小的活动与运动强度大的活动结合,用分散和集体交替的练习方式调节运动量。

2. 合理搭配

注意运动强度与密度的合理搭配。若运动强度较大，则练习的密度可以减小；若运动强度较小，则练习的密度可以增大。

3. 把握时节

首先，要注意季节的特点。冬季运动量可以大一些，夏季运动量可以小一些。其次，注意时间节奏的把握。运动量较大的活动时间可以适当缩短，运动量较小的活动时间可以适当延长。

4. 关注个体

教师要根据幼儿的个体差异调节运动内容与运动量。

观摩搭班教师的运动活动，分析活动中教师对幼儿运动量的调节情况，并提出相关建议。

延吉幼儿园　陆莉琼

12. 如何发挥教师在运动中的支持作用

搭班教师摆放好运动器械和材料后,新教师小凯把幼儿带到操场。幼儿开始运动了,小凯则站在场地的一角观望着幼儿的运动情况。搭班教师几次跑过来催促小凯说:"怎么一直站着发愣,别忘了教师在运动中要发挥支持作用哦。"小凯一脸茫然。支持作用?要体现运动中教师的支持作用到底该怎么做?

 **原理接轨**

《幼儿园教育指导纲要（试行）》指出："教师应成为幼儿学习的支持者、合作者和引导者。"同样，在运动中教师既是组织者也是参与者和支持者。在运动中，教师的支持主要包括环境支持、动作支持和心理支持。教师的支持能引发幼儿在运动过程中持久的兴趣、能促进幼儿身体动作的发展、能助推幼儿获得成功的运动体验。

驾驶指南

1. 创设环境，支持幼儿的运动兴趣

运动环境要给予幼儿充足的运动空间和时间。结合幼儿不同的年龄特点，提供适宜的运动器械和材料。小班可多些情境性、趣味性。如：练习跳的动作，可以在场地上放上自制的荷叶，让幼儿学习小青蛙，在荷叶上跳上跳下。中班和大班则要富有挑战、富有野趣。如:用竹梯和轮胎搭小路,让幼儿负重通过。

2. 随机指导,支持幼儿的全面发展

在运动过程中,针对运动能力强的幼儿,可及时调整材料,增加挑战性;对运动能力弱的幼儿,则可通过示范、个别指导等方式帮助其发展动作,获得成功的体验。还可指导幼儿在运动中合作互助。尤其是中大班,可以鼓励幼儿结伴运动或合作运动,通过共同完成任务来培养幼儿在运动中的合作互助精神。

3. 积极鼓励,支持幼儿的心理需要

尊重幼儿不想参加活动的权利。当有幼儿由于性格或其他原因不想、不敢自主进行运动时,教师不妨多些耐心,多给幼儿一点时间,引导幼儿慢慢参与活动。对于运动中有困难的幼儿,特别是年龄小、能力弱的幼儿,除了注意场地、设施、器械等方面的防护外,更应该用语言鼓励、陪伴示范等方式帮助幼儿树立信心、大胆尝试。在运动中教师更要多鼓励和肯定幼儿的坚持、勇敢、动脑筋解决问题等,让幼儿获得更大的成就感。

请针对小班幼儿的年龄特点,记录一个体现教师如何支持幼儿运动的案例。

延吉幼儿园 吴 婧

13. 如何在运动中激发幼儿的兴趣

问题岛

运动时间到了，新教师小汪把幼儿带到运动场地上，向幼儿介绍了今天运动的材料，并给幼儿规定了每种材料的玩法。幼儿分散后，玩了没多久就失去了兴趣，有的开始和同伴追打嬉闹，有的干脆什么也不玩坐在休息区里发呆。小汪动员了好几次，想让幼儿继续运动，可是效果不佳，场地上运动的幼儿仍然寥寥无几。新教师小汪有点泄气，心想平时幼儿不是很爱户外运动吗，怎么今天不感兴趣了？

原理接轨

运动是幼儿园一日课程的重要板块之一。在活动中,幼儿对运动的兴趣直接决定了他们是否能主动参与、是否带着愉快的心理体验持续投入。教师应关注幼儿在运动中的兴趣,并通过多种途径和方法,不断激发幼儿积极的情绪,使他们爱上运动、坚持运动。

驾驶指南

1. **多变的运动材料**

(1)教师可多提供低结构的开放性材料,让幼儿自由选择,鼓励幼儿思考多种玩法,赋予幼儿在运动中更多的自主性。例如:沙包,幼儿可以投掷、可以抛接、可以夹着跑、可以顶在头上;又如:报纸,幼儿可以铺在地上玩跳荷叶、可以两张轮流移动接力前行、可以迎风奔跑放风筝……

(2)对于现成的一些可组合的运动器具,可以让幼儿尝试自己拼搭和设置,也可以在运动的过程中由教师进行有机调整,不断给予幼儿新的刺激,引发他们尝试的兴趣。

2. **多样的运动感受**

(1)在一块运动场地上,以某项基本动作发展为主，兼顾其他动作的发展。如：在以走跑为主的场地上，还可以适当提供一些钻爬、跳跃的器具，让幼儿可以在运动中均衡动作的发展、获得多样的运动感受。

（2）鼓励幼儿自由选择同伴，自由选择活动内容和形式。有些运动项目需要合作，如吊床就需要同伴的帮助；有些区域需要进行竞赛，如在曲棍球场地幼儿分成两组互相竞争，非常快乐。

3. 多层次的运动挑战

教师要多思考运动中不同幼儿的动作发展水平，设置多层次的运动挑战来满足幼儿的兴趣和发展需要。如：在投掷活动中，可以设置不同距离的起点，让幼儿进行尝试。再如：攀爬游戏中，可以预设不同的起点和终点定向攀爬，也可以为幼儿定时，用时越短难度越高，由此激发幼儿的竞争意识和挑战的兴趣。

观察、记录班级幼儿最感兴趣的运动内容，并分析原因。

延吉幼儿园　许　琴

14. 如何组织体弱幼儿运动

新教师晓晓班中有一位体弱幼儿叫帆帆，他出生时早产，体质较差。家长对帆帆的身体状况非常紧张，多次向老师提出，在幼儿园的运动时间里不能让他出太多汗、不能让他太累，最好是坐在旁边晒晒太阳，不要参与运动。因此，有时候其他幼儿在运动时，帆帆只能坐在一边看。新教师晓晓对帆帆很关注，时常发现他眼中对加入集体、参加运动的渴望。可是当晓晓鼓励帆帆尝试简单的运动时，帆帆却表现出胆小不肯尝试……新教师晓晓思考着：对于这样的幼儿，作为教师应该怎么做？

体弱幼儿是指由于先天不足或后天疾病困扰而使生长明显受到影响的儿童。幼儿时期是生长发育的重要阶段,健康的身体是幼儿全面发展的基础。对于体弱幼儿来说,适宜的运动不仅不会对身体健康造成不良的影响,反而能通过运动中的动作练习、与同伴共同玩耍等,促进其身体的发育、情绪的满足、自信心的建立等,从而更好地改善体弱幼儿的身体素质和心理素质。

1. 家园及时沟通,达成共识

家长对体弱幼儿的照顾总是小心翼翼,生怕"风吹草动"就会导致生病。作为教师,要积极向家长宣传运动对幼儿的好处,努力取得家长的配合和支持。也可以家园一起制订有针对性的活动方案,为幼儿提供锻炼的机会。

2. 增进幼儿自信,体验成功

体弱幼儿的运动能力相对较弱,教师要根据实际情况合理制定目标,适当降低要求。当幼儿有进步时,同伴的掌声和教师的鼓励能更好地帮助体弱幼儿找回自信。

3. 及时关注个体，适度运动

体弱幼儿由于自身体质问题极易疲劳，运动量直线上升或强度增大都会直接影响他们的健康。所以，合理控制体弱幼儿的运动量尤为重要。教师可在中等体质幼儿的运动量上相对减少体弱幼儿活动的时间和密度，同时要随时观察，发现他们的脸涨红、表情不自然、出汗很多、呼吸急促时，要及时调节、降低活动量。

4. 加强保育护理，学会保护

体弱幼儿对环境的适应能力较弱，因此在运动过程的前期不宜脱衣服。教师可于运动前在幼儿脖梗后垫上干毛巾帮助其吸汗，运动后及时将毛巾抽取，避免着凉感冒。同时，要加强对幼儿自我保护能力的培养，教育幼儿用肥皂洗手、用干毛巾擦汗、休息时能主动喝水、运动中避免相撞并学会躲闪等。

根据本班体弱幼儿的实际情况，设计一项适合该幼儿的运动。

延吉幼儿园　陆莉琼

15. 如何在运动中体现"野趣"

运动　　野趣

 问题岛

新教师小黄接到一个让她一筹莫展的任务——组织一次富有野趣的室外运动。小黄想：大城市里上哪儿去找"野趣"啊？是去野外远足还是把野外的场景搬进幼儿园操场？是完全放手、不做任何指导，让幼儿想怎么运动就怎么运动，还是尽量设计一些高难度的活动内容让幼儿去挑战？"野趣"在幼儿园的运动中该怎么体现呢？

 **原理接轨**

教师在组织运动时通过提供自然的运动材料,创设亲近自然的运动环境,组织有挑战性的运动过程,让幼儿从"城市"中解放出来,充分释放天性,体验运动中的"野趣"。

 驾驶指南

1. 场地有野趣

教师可以根据园所场地的实际情况,因地制宜利用好环境。如:有的幼儿园有小山坡,可以玩拉车上山、滑草等活动;有的幼儿园沙池中有梅花桩,稍加装饰,就可以玩"踩石头过河"的运动游戏。

2. 材料有野趣

生活中有许多原始的自然材料可以作为运动的器械和器具,常见的有废旧轮胎、竹梯、板凳、塑料大筐、扁担、竹篮、塑料瓶、米袋、木板等。教师在运用这些材料时要注意安全性,运用加工、组合等方式最大限度地挖掘材料的趣味性,凸显材料的功能性。

3. 过程有野趣

在组织运动时,教师要充分创设有野趣的情境,让幼儿能"乐此不疲"。如：用垫子、板凳、轮胎、竹梯、塑料板等材料搭建场景，设计"为小动物送水"情景游戏，幼儿在运动中拿着水瓶（负重）钻过"山洞"、走过"小桥"、翻越"小山"、爬过"草地"，感受送水员的辛苦与快乐。又如：大班"开汽车"，让幼儿从平地到不同高度、坡度、宽度的路面进行推滚轮胎的活动，由易到难设置四种道路，激发幼儿挑战的欲望，引发幼儿持续运动的兴趣。

结合本园运动场地的实际，思考如何实现运动中的野趣并拟订一份大班运动方案。

延吉幼儿园　吴　婧

16. 如何培养幼儿自主用餐

小林是一位见习教师。在观摩导师一日活动时，每到幼儿的用餐环节，带教导师总是会提醒新教师小林，用餐环节中要多思考幼儿用餐的自主性。新教师小林很困惑：幼儿的午餐食谱都是事先制定好的，该如何体现幼儿用餐的自主性呢？

 **原理接轨**

进餐是幼儿在园一日活动中的重要环节之一。用餐环节中的"自主性"意味着幼儿在用餐过程中充分享受自主的权利,可以按照自己的意愿来选择餐点、选择同伴、选择进餐方式。对幼儿来说,进餐过程应该是愉悦的、轻松的、自主的。教师在用餐过程中要尊重幼儿的年龄特点,创设和营造有利于幼儿自主选择的用餐环境,鼓励幼儿在自我服务中感受进餐过程的愉悦。

 驾驶指南

1. 创设温馨舒适的进餐环境

选择浅淡的暖色调装点布置餐厅的环境,创设温馨舒适的进餐环境。同时,可以改变固定的座位模式,鼓励幼儿自由选择进餐的同伴,让幼儿的用餐过程更加轻松愉悦。

2. 提供丰富的餐点及盛取用具

进餐过程中,可以提供品种丰富多样的菜品,荤素搭配、色彩鲜艳,有助于刺激幼儿的食欲。根据幼儿的能力水平和意愿,还可以提供不同的用餐盛取用具,如筷子、勺子等。低年龄的幼儿可以在进餐前自主选择使用勺子或筷子,大班幼儿则可鼓励其自主盛取所食饭的量,吃多少盛多少,不够还可以再加。让幼儿在自我服务的过程中进一步提高进餐的自主性。

新手试驾 请针对用餐过程中可自主选择的内容设计制作一些小标识,提示幼儿在用餐中自主选择。

延吉幼儿园 袁 洁

17. 如何教幼儿使用筷子

 问题岛

进入中班,幼儿园午餐开始使用筷子进餐了,可是在家一直由奶奶喂着吃饭的多多一点也不会用筷子。他自己碗里的食物怎么也夹不起来,急得他满头大汗,一到午餐的时间多多就哭闹着不肯用筷子吃饭。

原理接轨

使用筷子吃饭是幼儿在进餐过程中逐步过渡的必备技能之一,从幼儿园中班开始,幼儿会逐步从使用勺子过渡到使用筷子进餐。熟练使用筷子能锻炼幼儿手眼协调的能力并促进幼儿手部小肌肉的发展。通过家园一致的引导和有效的练习,幼儿能从使用勺子逐步过渡到使用筷子。

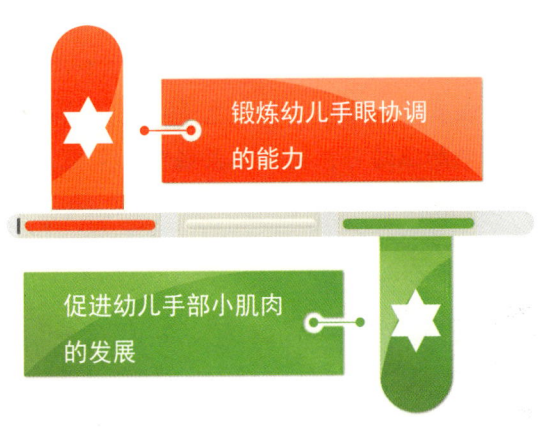

驾驶指南

1. 趣味引导,消除惧怕

具有童趣的卡通筷子,能引发幼儿对筷子的好奇心,使其不再害怕使用筷子。在使用筷子的过程中可根据幼儿的意愿逐步缓慢推进,不强求、不催促、不指责。对于筷子使用还不熟练的幼儿可以多给他们一点时间,让其稍提早一些吃饭,消除他们的焦虑情绪。

2. 练习筷子辅助,掌握方法

选择幼儿喜欢的练习筷子,帮助纠正幼儿的握筷子姿势,辅助幼儿通过练习筷掌握筷子的使用方法,逐步学会使用筷子。

3. 情境练习,运用自如

在家里或幼儿园中有意识地创设一些游戏情境,例如:夹豆子、运果子、分豆子等,让幼儿在游戏的情境中加强练习,逐步积累经验、掌握正确使用筷子的方法。

请设计两则趣味筷子操作游戏。

延吉幼儿园　袁　洁

18. 如何培养幼儿的午睡习惯

贝贝是中班幼儿,午睡对他来说是"煎熬"。这天,贝贝在幼儿园又翻来覆去地睡不着。"贝贝,你怎么啦?"新教师侃侃走过去低声询问道。"我睡不着。""闭上眼睛就睡着了。""可是我闭上眼睛也睡不着。"贝贝反驳道。无奈,侃侃走向其他幼儿。过了一会,贝贝大喊道:"我要小便了"……又过了一会贝贝自顾自地在被窝里唱起了歌……

 **原理接轨**

午睡是幼儿园一日活动中的重要环节。良好的睡眠是幼儿健康成长的保障,是其大脑感觉神经系统发育、记忆和学习能力发展的基本需求;良好的睡眠还能增强幼儿的体质,对促进幼儿身体正常发育和机能的协调发展起着重要的作用。良好的睡眠对幼儿体格、认知及心理行为发育具有重要意义。幼儿良好午睡习惯的养成直接影响着幼儿的睡眠质量。

 驾驶指南

1. **创设环境,家园同步**

午睡时可播放一些舒缓的音乐或听听故事,让幼儿情绪安定地进入卧室午睡。同时针对幼儿午睡问题应及时与家长沟通,双休日及节假日幼儿在家时也要和幼儿园作息基本同步,保证幼儿固定的午睡时间,培养幼儿良好的午睡习惯。

2. **勤于观察,及时提醒**

进入卧室午睡前,教师要留心检查幼儿口袋里是否携带尖锐的物品,杜绝安全隐患,并提醒幼儿在睡前小便。午睡中加强巡视、护理,提醒纠正幼儿不良的午睡睡姿和午睡习惯。

3. 方法多样，因人而异

（1）摸索、掌握班中幼儿的午睡规律。较难入睡的幼儿，教师应多陪伴，可轻抚、哄睡。经常尿床的幼儿，教师则要掌握时间，定时提醒幼儿起床小便，并逐渐延长提醒时间。留意频繁小便的幼儿，及时排除尿路感染、感冒发烧等症状。

（2）采取分散幼儿注意力的方法，转移其对某样物品的依恋。

（3）用奖励的方式表扬和肯定午睡有进步的幼儿，帮助其逐步养成良好的午睡习惯。

新手试驾　午睡时幼儿总是翻来覆去不睡觉，你会怎么处理？

延吉幼儿园　刘 念

19. 如何做好午睡护理

在午睡环节中,当幼儿入睡后,新教师小江有时看书,有时备课,有幼儿需要上厕所时,她也会陪幼儿一起去。大部分时间里,小江只是坐在卧室的小椅子上。搭班教师对她说:"小江,你要多巡视啊!"小江听到后就站起身走走看看,但她心里在想:孩子们都睡着了,我还需要看什么?

 **原理接轨**

午睡可以使幼儿的神经系统、感觉器官和肌肉得到充分休息，促进幼儿的大脑发育和体格生长，是幼儿园重要的保育内容之一。在午睡中，教师应重视幼儿良好睡眠习惯的培养，加强巡视，细致观察幼儿的入睡情况，做好护理工作。

 **驾驶指南**

1. 全面观察，护理到位

午睡中，教师要定时巡视，加强护理。

看睡姿——防止幼儿趴着睡；看面色——如幼儿面色有异，要及时联系保健老师；看盖被——及时为幼儿披被子；看出汗——了解幼儿出汗情况，调节空调温度。

2. 细心护理特殊幼儿

对入睡较慢或难以入睡的幼儿，可以用安抚、语言鼓励、适当陪伴等方式帮助其入睡，允许幼儿缓慢入睡或睡不着时安静休息；对有尿床情况的幼儿定时叫醒其去小便；对睡梦中有惊厥的幼儿要及时安慰，帮助其重新安稳入睡；对容易过敏，或是有哮喘及身体不适的特殊幼儿，教师在午睡巡视中更要多多关注。一旦发现问题及时联系保健老师，保证幼儿的睡眠安全。

收集制作特殊幼儿档案，设计一份午睡观察记录表格。

延吉幼儿园 钱 赟

20. 幼儿总是尿湿裤子怎么办

在帮幼儿整理衣服的时候,新教师小李发现宝宝的裤子又湿了,就问宝宝:"你怎么又尿湿啦,为什么不跟老师说呢?"宝宝一声不吭。小李赶紧帮宝宝换裤子,一边换一边担心:天气慢慢变冷了,宝宝总是尿湿裤子怎么办呀?

 **原理接轨**

幼儿在幼儿园尿湿裤子的原因有很多,大致可以分为以下几类:

(1)幼儿园如厕的环境与家中不同,刚入园的小班幼儿还未完全适应。

(2)年龄较小的幼儿还没有掌握好正确的如厕方法。

(3)秋冬季节,由于幼儿穿的衣裤太厚,不便于穿脱,有的幼儿还没来得及脱下裤子就已经尿了出来。

(4)幼儿具有个体差异,胆小的幼儿不敢说、自理能力较弱的幼儿不会做,均需要教师的关注、引导和帮助。

 驾驶指南

1. 教会幼儿如厕的正确方法

男孩小便时:面对便池,两腿分开站稳,肚子略向前挺,对准便池如厕。

女孩小便时:双腿跨开站到便池上,脱下裤子至膝盖处,便后先拉好裤子再走下便池。

教师可结合日常生活对幼儿进行一对一的指导,在冬天衣服穿得多的时候,多提醒幼儿小便时不要弄湿裤子。

2. 关注胆小幼儿

有的幼儿胆小内向，有便意时不敢说，常常会扭动身体，发出哼哼呀呀的声音，以示需求。教师要多关注，主动询问幼儿是不是要小便。同时，也可以让幼儿学说"我要小便（大便）"。鼓励幼儿有便意时能大胆向老师表达自己的需求。

3. 关注个别幼儿

对于自理能力较弱的幼儿，教师可以在如厕时多观察并对幼儿进行如厕指导。在如厕后教师要帮助幼儿做便后清理，边帮边教。个别小便间隔时间短的幼儿，教师要加以注意，掌握幼儿排尿规律后定时提醒幼儿如厕。

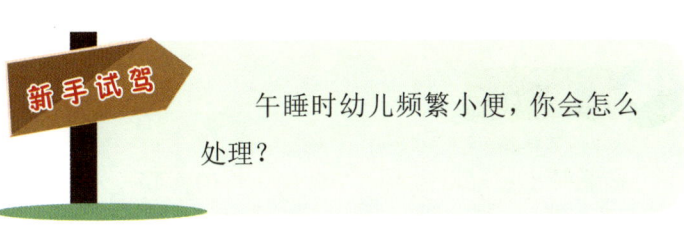

新手试驾 午睡时幼儿频繁小便，你会怎么处理？

延吉幼儿园　刘　念

21. 如何引导幼儿洗手

问题岛

新教师小包最近碰到一个让她头疼的问题——班里的幼儿天天特别不爱洗手。上午发现天天便后冲出盥洗室直接去玩了,下午起床后又发现天天没有洗手而是在玩水。小包老师发愁了:"怎样才能让孩子认真洗手呢?"

 **原理接轨**

《幼儿园教育指导纲要（试行）》指出，将促进幼儿健康视为幼儿园的首要工作，明确提出"树立正确的健康观念"的要求，确定了身体健康是幼儿身心健全的基础。勤洗手是讲卫生的基本前提，也是保障幼儿身体健康、防止"病从口入"的有效举措。幼儿不爱洗手的原因主要有：没有明确的卫生意识，很少能主动洗手；未养成勤洗手的习惯，对于洗手的步骤不甚清晰，需要教师多加指导和帮助；个别幼儿贪玩，急于参加游戏等活动，顾不上洗手。

 **驾驶指南**

1. **教会洗手步骤**

先将两只小手淋湿，抹上肥皂或洗手液，手心搓搓、手背搓搓、手指交叉再搓搓，将手上的肥皂或洗手液冲洗干净，在水池中将小手甩一甩，用小毛巾将手擦干。

2. **创设洗手环境**

教师可以在盥洗室的洗手池前粘贴洗手步骤图，针对不同年龄幼儿特点，提供相应的图示或符号。小班可以用幼儿洗手的照片或卡通人物洗手的照片。

中、大班则可以粘贴幼儿自绘的洗手步骤图或用标记、符号等呈现。

3. 注重过程指导

幼儿洗手时经常会弄湿衣袖。教师可以帮助和指导幼儿挽起衣袖,也可以用儿歌的形式来提示幼儿。对于喜欢玩水的幼儿,教师可以用念儿歌的方式提醒幼儿"不玩水"(洗手时不玩水,洗完手抖一抖,拿起毛巾擦干净)。洗手后,表扬正确洗手的幼儿。

4. 组织洗手活动

围绕"洗手"开展讲故事、情境表演、班级小评比等活动,帮助幼儿逐步形成讲卫生的意识,养成勤洗手的好习惯。

说一说洗手的正确步骤。

延吉幼儿园　刘　念

3 合作

　　新手教师在幼儿园里承担着多种角色：在幼儿面前他们是管理者、是指导者；在同事当中他们是朋友、是学徒；面对领导，他们是下属、是执行者……无论身处怎样的群体，他们都需要有合作。

　　本章将向新教师讲述和分析在幼儿园里经常遇到的关于合作的问题，特别是"三位一体"（即两位教师和一位保育员共同承担的班级管理工作）中的合作。"三位一体"中三位教师在班级管理中的默契配合，对提高班级的保教质量、促进幼儿健康和谐发展有着重要的意义和作用。

22. 运动前"三位一体"如何准备

问题岛

前几天连着下雨,今天终于雨过天晴,幼儿都盼望着能够到操场上进行运动,于是新教师小王带着满心欢喜的幼儿来到操场进行运动。今天运动的主要材料是轮胎,在小王老师的引导下,幼儿从轮胎架子上将轮胎滚至相应的场地,可是滚着滚着,幼儿的鞋湿了,衣服也弄湿了……原来,因为连着几天下雨,轮胎里积了雨水。

 原理接轨

幼儿园中的"三位一体"贯穿于幼儿一日生活的各个方面。教师、保育员要重视"三位一体"工作,在各项活动中都要有明确的分工,并且要求一致。例如:在运动前,必须具体到主班教师做什么、配班教师做什么以及保育员做什么这样的细节内容。需要三位教师一起在实践中磨合,一起发现问题、解决问题,然后进行相应的调整,形成相应的默契。

"三位一体"
- 主班教师
- 配班教师
- 保育员

 驾驶指南

1. 说一说

运动前,教师与保育员对当天的运动内容、安全目标等问题进行探讨并统一。明确运动中的站位和观察点,做到有分合,共同护理好幼儿。如:根据活动内容,教师、保育员要站在危险处、难点处,并保证能够观察到所有幼儿的运动情况。

2. 理一理

提醒幼儿运动前如厕,根据季节变化及时调整

幼儿户外运动的服装。同时建议家长让幼儿穿宽松、易吸汗的衣服，女孩尽量不穿裙子和连裤袜。

3. 看一看

教师与保育员共同提供运动材料、创设运动环境，并观察场地和材料的安全性。同时全面观察幼儿生理、心理状况，关心特殊幼儿。注意给容易出汗的幼儿垫好毛巾。

关注气候差异。如：夏天出去运动前，要先关空调、开窗通风，便于幼儿运动结束回教室，身体能够适应室温；冬天出去运动前，要先在室内做准备活动，使身体逐渐适应。

说一说，雨天室内运动前的场地检查还需要关注哪些方面？

延吉幼儿园　朱　宁

23. 运动中"三位一体"如何站位

在户外运动时,看着在活动区域中活动的幼儿,小玲老师既要指导幼儿的动作技能,又要注意安全问题,总是顾着这头就顾不到那头,跑来跑去忙个不停……而保育员老师则坐在休息区,无所事事。那么,在运动中教师和保育员应该怎样站位,才能配合默契进而兼顾全体幼儿呢?

 **原理接轨**

运动中的"三位一体"是指两位教师与保育员之间相互配合,对幼儿进行动作技能指导和保育的过程,他们之间良好的配合对活动的开展和幼儿发展起着至关重要的作用。运动中的站位合理是指教师与保育员的位置合适、恰当,三人之间的巡视点能全面观察到所有孩子,没有盲区,能更好地对幼儿进行指导,从而顺利开展好每一次运动。

 驾驶指南

1. 站位方法

(1)相对固定式。固定是指处在特定位置,不变动、不移动的,在不同区域场地上保育员与教师三人都有固定的站位。但是这种固定模式只是相对的,应该根据器械的摆放相应调整。

(2)定点巡回式。定点是指定位,规定或指定在某一处按一定路线进行活动。如在幼儿早操活动中,保育员的站位是站在班级幼儿后面,有规定的站位,但幼儿在做操过程中保育员还需要对全班幼儿进行一定巡视。

(3)随机走动式。随机是指依照情况,顺应时机,起到整体调控作用。

2. 站位原则

- 站在弥补教师观察困难的地方
- 站在相对具有危险性的活动场地
- 站在幼儿人数相对密集的活动场地
- 站在便于观察全体幼儿的地方

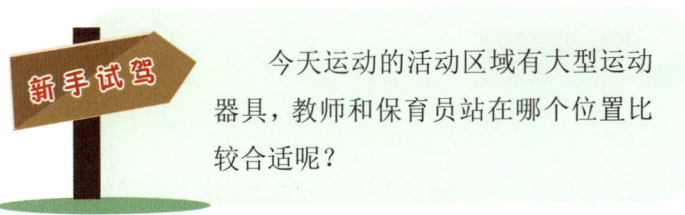

今天运动的活动区域有大型运动器具，教师和保育员站在哪个位置比较合适呢？

延吉幼儿园　陈文嘉

24. 午餐中的"三位一体"怎么做

问题岛

中午用餐时,小花流鼻涕了,正当她起身去拿纸巾时,不小心打翻了饭碗,汤汁洒在了衣服上,地上也到处都是。工作不到半年的小张老师不知所措,遇到这样的情况,应该怎么解决呢?

原理接轨

幼儿园的"三位一体"是由两位教师和一位保育员组成的班级管理共同体。在《幼儿园工作规程》中明确指出：教师应该指导并配合保育员管理本班幼儿生活，做好卫生保健工作；保育员应在教师的指导下，科学照料和管理幼儿生活，并配合本班教师组织教育活动，严格执行幼儿园安全、卫生保健制度。在幼儿园的一日活动中，只有教师和保育员密切配合，才能保证各项活动的有序开展。

驾驶指南

1. 环境处理

保育员专业地处理突发情况，如擦桌子、拖地、消毒等，待收拾整理妥当后，再为幼儿盛一份饭菜。

2. 幼儿护理

配班教师应关注照顾幼儿，帮助幼儿换上干净的衣服，擦好鼻涕，安抚幼儿情绪，鼓励幼儿继续用餐,如有需要(如:幼儿园没有换洗衣服、鞋袜等)及时与家长联系。

3. 巡视观察

带班教师进行巡视,观察幼儿的用餐情况,进餐时安静、专心、不东张西望。与保育员互相配合,三位一体,各司其职,为幼儿提供更好的午餐氛围。

如果吃饭时发现幼儿出鼻血,"三位一体"工作该怎么做?

延吉幼儿园　翟海庭

25. 如何开展"三位一体"例会

刚踏上工作岗位的小李近来感觉工作压力非常大,新小班幼儿来园时的哭闹情绪和家长的安抚工作,以及新教师繁忙的学习培训让小李有些疲于应付。渐渐地,他对日常的一些工作失去了认同感,例如"三位一体"保教例会,他认为没有必要进行。在每天的日常工作中都能交流、沟通,为什么还需要特意安排例会呢?

 **原理接轨**

在班级管理中，两位教师和保育员需要定期组织开展"三位一体"例会，可以每月开展1～2次。会议的内容可以是近阶段班级幼儿的实际情况、班级重点工作及"三位一体"配合时需要关注的要点或需要协调的内容。教师和保育员只有齐心协力、彼此配合，才能提高班级的保教质量，促进幼儿健康全面发展。

驾驶指南

1. 内容和时间

会议内容由实际情况而定，可以是专题的讨论交流，也可以是日常工作的反馈交流，会议时间一般为半小时。

2. 事先准备

根据专题内容、幼儿园近阶段的工作任务、班级重点工作及幼儿情况事先做好相关准备。准备内容包括对重点工作如何开展的想法以及具体如何实施；幼儿近阶段存在的主要问题、形成原因及相关策略；"三位一体"工作中还有待提高的地方等。

3. 互动交流

会议可由教师、保育员轮流主持。围绕要讨论的问题畅所欲言，对做得比较好的地方予以总结，共同商量还有哪些地方做得不尽如人意，以便调整完善，并形成相关的会议记录。

搭班教师告诉你本周五要召开"三位一体"例会，围绕开学迎新活动的开展情况进行反馈，你应该做哪些准备？

延吉幼儿园　朱　宁

26. 如何做好交接班工作

新教师小夏带上午班的时候，六六忽然呕吐，保健老师量了体温，高达38摄氏度。小夏及时联系了幼儿的家长，六六奶奶也及时把孩子带去医院检查了。可是到了下午，小夏没有交代事情的原委，导致搭班王老师焦头烂额地到处询问六六的去向，直到问到小夏，小夏才把上午的情况告诉她……

 原理接轨

幼儿园班级交接班是指上午和下午班的教师要互相沟通，配合一致地对幼儿进行全面发展的教育。两位教师应及时交换情况，研究解决的办法。早班教师应认真填写好交接班记录，主动告知晚班教师幼儿上午活动的情况或特殊幼儿的护理等。

 及时交换情况
 研究解决办法

 驾驶指南

交接班作为幼儿园工作中重要的一个环节，两位教师必须做好沟通，并且做好交接班记录。那么交接班到底包含哪些内容呢？

1. 交接当日幼儿基本情况

人数、幼儿情绪及健康状况、对特殊幼儿护理的要求等。

2. 交接当日幼儿出勤情况

幼儿上午的出勤情况、有无中途接回的幼儿、幼儿缺勤的原因等。

3. 交接特殊情况

如：有无事故发生（包括小伤、破皮等情况）、

合作 | 81

有无攻击性行为发生、有无幼儿突发状况等。

　　4. 交接家长的嘱咐

　　家长对教师的特殊嘱咐、孩子需要的特殊照顾等。

请结合带班情况，尝试写一份交接班记录。

延吉幼儿园　翟海庭

27. 如何在大活动中体现合作

 问题岛

"小鬼当家"是幼儿园结合主题活动生成的一项体验大活动。菲菲和小王都是大班组的新教师,教研组在开展讨论时,组长协调分工:"菲菲,公共汽车站这个点的任务就交给你了,可以吗?""组长,那个站我不认识,也不知道可以做什么,可以换小王去吗?"菲菲嘟囔着嘴问道。

 **原理接轨**

幼儿园的大活动是指为了激发幼儿的情感，锻炼幼儿的各种能力，以全园或者年级组的形式，根据不同的节日、主题，共同合作策划的大型活动。幼儿园大活动的组织和开展需要各位教师群策群力，相互配合，才能使活动顺利进行。

> 激发幼儿的情感
>
> 锻炼幼儿的各种能力

 **驾驶指南**

1. 策划——积极参与，畅所欲言

（1）提高个人思想觉悟，以团队的利益为目标，积极参与各类大活动。

（2）敢于在大活动中积极发言，献计献策。

2. 活动前——虚心请教，发挥所长

（1）谦虚谨慎、尊重同事、相互学习、相互帮助。

（2）利用自己年轻的优势，主动承担大活动中的多媒体制作或主持人等重任，发挥所长。

3. 活动中——主动配合，有效合作

（1）协助班组分解任务，主动配合。

（2）服从园方及组内安排，通力合作。

4. 活动后——及时总结，积累经验

（1）主动记录活动过程，结合实践及时反思，积累活动经验。

（2）关心集体，关心幼儿园的建设和荣誉，齐心协力共创文明园风。

新手试驾

在一次大活动中，教研组长安排你和小文老师一起完成一项任务，但是她私下里不愿意完成，你该如何与她沟通呢？

延吉幼儿园　钱 赟

28. 如何合作应对突发情况

问题岛

韩韩是一位工作两年的新教师，带领幼儿户外运动时，忽然从他背后传来一阵哭闹声。"是谁，是谁？"韩韩老师着急地询问道。"是洋洋。"他连忙跑过去，看到洋洋坐在地上，膝盖擦破了皮，伤口开始流血。"这可怎么办呀？"韩韩老师紧张得额头、手心直冒汗……

 原理接轨

在幼儿园的日常教育活动中，幼儿会出现许多突发情况，如摔倒、尿湿裤子、受伤、生病等，这些不可预料的随机性事件是教师无法掌控的。新教师因为缺乏日常护理经验，遇到这些突发事件时，会无形中增加许多心理压力和负担，此时"三位一体"的配合与默契显得尤为重要。及时处理与沟通能够有效地解决问题，并巧妙地化解一些不必要的麻烦。

- "三位一体"的配合
- 有效地解决问题
- 化解不必要的麻烦

 驾驶指南

1. 立即处理，冷静面对

遇到类似的突发情况，教师首先要保持冷静，观察幼儿的受伤情况。发现伤口流血时，尽快按压止血，及时与保健老师联系，尽量将意外事故带来的伤害降到最低，切忌隐瞒、拖延治疗。

2. 及时沟通，分工明确

遇到突发情况时，教师应及时主动地将情况与

另外两位教师沟通交流,判断伤势是否严重。如果是摔伤、破皮等轻伤,可以让保育员把幼儿带到保健室进行伤口处理。如果比较严重,一位教师照看受伤幼儿,另一位教师则继续组织全班幼儿活动,保育员第一时间通知保健老师,并及时进行处理。

3. 告知家长,持续关心

突发事件后,教师要及时与家长沟通,并换位思考,将整个事件发生的过程毫无隐瞒地告知家长,将处理结果或医生的诊断明确告知家长,且后续应持续地沟通和关心,用真诚打动家长。

4. 总结经验,加强意识

在事件中总结经验。教师在每一次活动前,应当对活动环境进行安全隐患排除,对使用的工具和器械要有危险预估,并且准备好意外事故应急方案。如:教师要事先告知幼儿使用剪刀的注意事项,加强幼儿的自我保护意识,并进行家园沟通,请家长配合增加幼儿在家练习使用剪刀的机会等。

如何处理午睡时幼儿有异物进入鼻腔的突发事件?

延吉幼儿园　陈文嘉

29. 新教师如何融入团队

小莉9月成为一名新教师,是小班组的一员。由于对大家不熟悉,而且刚刚接触幼儿园的一日工作,在各类活动中总是躲在后面,沉默寡言,教研活动中被提问时,也时常紧张得不知从何说起。

 **原理接轨**

新教师入职初期普遍会感到无所适从,不仅要适应幼儿园快节奏、高强度的活动,还要面对专业实践、人际交往中遇到的困难。如何顺利融入团队,是新教师不可回避的问题。

 驾驶指南

1. **认同文化**

了解幼儿园的发展历程,熟悉幼儿园教师工作的内容,形成良好的职业道德修养,增强职业认同感。

2. **勤奋好学**

利用校内和业余时间充实自己,丰富自己的专业知识,理论联系实际,在实践中不断调整自身的知识结构。

3. **善于沟通**

学会沟通和协作,建立和谐的人际关系。

4. **主动积极**

主动向带教教师或老教师请教。在各类活动前,认真思考,在活动中大胆发言。如:在教研活动前,了解教研内容,提前思考并准备。教研活动结束后,认真总结反思。

选择一个教研内容,思考准备并在教研组内大胆发言。

延吉幼儿园 吴 婧

30. 如何与管理者沟通

问题岛

小张老师和同学一起聚会，饭桌上大家聊起了做新教师的感受，小张在同学面前大倒苦水。新学期，小张带新小班，园长要求新教师天天进班，小张每天应对孩子的哭闹，忙得焦头烂额。园长又要求新教师主动承担教研任务，小张力不从心，不愿承担任务。园长平日的巡查以及教师的案头工作，都让小张感到做教师的辛苦。刚入职场的他，心里对管理者充满了抵触情绪。

 **原理接轨**

在幼儿园，除了和孩子交往，新教师还需要与管理者及其他教职员工建立和维持稳定的人际关系。良好关系的建立可以成为新教师工作上的助推剂，反之，可能成为绊脚石。

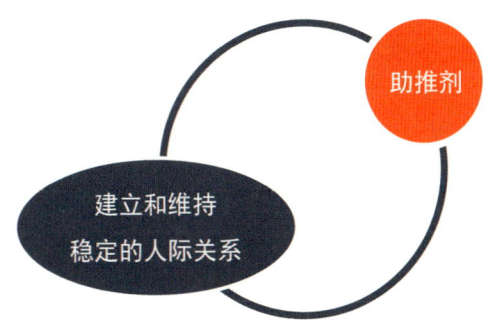

 驾驶指南

1. **摆正心态，自然相处**

新教师要认同一个理念——只要工作认真就会得到领导的赏识。不要对领导有恐惧心理。有些新教师见到园长就绕着走，开会时总是坐到园长看不见的角落。园长每天面对许多人和事，刻意回避会造成园长对新教师的忽略或者对新教师能力的怀疑。

2. **谦虚谨慎，好问则裕**

新教师要重视自己的礼貌言行，谦虚好问。虚心向管理者请教，乐意听取他人的意见和建议，接受资深教师的帮助会使自己的工作变得轻松，学到有效的保教方法。因此，新教师必须克服自恃才高、目中无人、狂妄自大的心态。

3. 服从管理，张弛有度

新教师要了解学校的管理体系。虽然幼儿园是园长负责制，但这并不意味着你的直接领导就是园长，新教师要弄清楚学校的管理体系，才能够在有问题或有麻烦时知道应该与谁商量予以解决。因此，新教师必须按职责规定办事，切勿越职代权，更不能越级通报。

4. 敢于尝试，勇挑重担

新教师要抓住每一次锻炼和学习的机会，多做多问多思考，事事亲力亲为，为自己争得磨炼的机会。这样就能够尽快独当一面，获得领导、同事的认可和信任。

新手试驾

尝试与学校管理者交流一次，谈谈自己做教师后的感受。

延吉幼儿园　缪　峻

4 环境

　　环境创设是幼儿园教育重要的课程资源，体现着教育者的教育理念和智慧，是幼儿身心发展所必备的物质条件和精神条件的综合。《幼儿园工作规程》中指出幼儿园要创设与教育相适应的良好环境。温馨、仿真的环境，能让幼儿有安全感、舒适感、愉悦感；激趣、互动的环境，能激发幼儿操作和探索的欲望；整洁、有序的环境，能帮助幼儿养成良好的生活习惯和规则意识。

　　班级环境作为幼儿园整体环境的一部分，该如何与之相融，如何体现班级自身的特色呢？本章就新手教师想了解的关于班级生活、学习、游戏的环境以及家长园地在布置及创建中的要点和误区，进行解读和指导。

31. 如何创设自助点心区环境

每到点心时间,幼儿总是不愿意走进自助点心区,叫了这个,又走了那个。新教师小张每次都要费上好一番功夫才能把他们哄着坐下来吃点心。小张很是困惑:难道是自助点心区的环境不能吸引幼儿?究竟该怎样创设自助点心区的环境呢?

 **原理接轨**

自助点心区是幼儿自发、自取、自选、自放的进食点心区域。这一区域完全由幼儿自己自助取食用点，能充分锻炼幼儿的自我服务能力。因此这一区域的环境创设除了考虑物品取放的方便，还应考虑整体美观以及材料与幼儿、环境与幼儿的互动性和体验性。

 驾驶指南

1. 结合游戏时间，多时段用点心

结合幼儿的游戏活动，将自助点心时段与游戏时段相融合，突破以往用点心的固定时间节点。如：

将自助点心区布置成小餐厅,融入游戏活动,让幼儿根据自己的喜好选择先吃点心再玩,或是玩一会儿再来吃点心,使幼儿的自助点心时段更宽松。

2. 创设多样自主用餐环境,多工具选点心

自助点心区域的创设要在材料上充分体现自助的特点,教师可以在盛放点心的器具、取放点心的用具、点心的品种等方面多加变化,不断给予幼儿新鲜感,满足幼儿的需求。

3. 有效利用墙面环境,多渠道观察用点心情况

有效利用墙面和桌面的环境,设置幼儿自助点心的环境记录。如:"今天你吃了吗?"是教师创设的一块吃点心记录板,幼儿可以利用插放小牌子的方式,自主记录用点心的情况,体验与环境的互动。同时,这一环境也为教师进一步了解幼儿完成自助点心的情况提供了依据。

请根据小班幼儿的年龄特点,创设一面自助点心记录墙。

延吉幼儿园　袁　洁

32. 如何创设良好的进餐环境

问题岛

开学初,搭班陈老师让新教师圆圆负责创设幼儿的进餐环境。圆圆心想:不就是吃午饭、吃点心的餐厅嘛,除了将桌子椅子摆整齐外,还要怎么布置呢?

 原理接轨

创设进餐环境是教师组织与实施进餐活动不可缺少的一部分。良好的进餐环境有利于激发幼儿的进餐食欲,培养幼儿良好的用餐习惯,帮助其发展自我服务与服务他人的能力。

 驾驶指南

1. 进餐场所要保持明亮整洁、色彩柔和,使幼儿心情愉悦。

2. 座位宽敞、布局合理,餐具摆放方便幼儿取放。

3. 收集与食物相关的卡通图片布置墙面,让幼儿了解多元的饮食文化。

4.结合幼儿的年龄特点和班级情况,可以采用图示的形式(如:大班——幼儿自画的进餐好习惯图)促使幼儿自主获得初步的进餐能力和经验,养成良好的进餐习惯。

结合本班幼儿的年龄特点,创设适宜的进餐环境。

延吉幼儿园　许　琴

33. 班级环境如何体现有序性

上课时,新教师佳佳请亦亦回答问题,亦亦说:"佳佳老师,我看不见图片!"顿时引起其他幼儿的共鸣:"老师,老师,我也看不见!"搭班余老师看见了,语重心长地对她说:"佳佳,你从幼儿的角度去看看。"佳佳来到亦亦的座位前,才发现从幼儿的角度来看,图片都被橱柜挡住了,的确看不到。

 原理接轨

《幼儿园教育指导纲要》中指出，环境是重要的教育资源，应通过环境的创设和利用，有效地促进幼儿的发展。广义环境观认为，幼儿园的环境是指幼儿园教育赖以开展的一切条件的总和。有序的班级环境能成为幼儿学习、生活的助力，最大限度地支持和满足幼儿通过直接感知、实际操作和亲身体验获取经验的需要。

 驾驶指南

1. 合理布局，让空间有序

在隔断区域的过程中，要注意考虑幼儿的年龄特点和操作实际，橱柜要合理摆放，不遮挡幼儿的观察视线。

2. 巧配颜色，让色彩有序

班级环境的整体色调要统一，可以考虑以两种颜色为主线进行装饰，使整体颜色协调、柔和、淡雅，在视觉上给人以美的享受。也可以考虑用一种颜色装饰，以渐变的方式呈现，色彩单纯，接近自然，令幼儿产生丰富的想象。

3. 妙用标识，让物品有序

可根据幼儿的年龄特点，提供不同的标识与

教室物品相对应,鼓励幼儿自主取放。在卧室、盥洗室等生活区域内也可设置一些生活常规安全标识,通过暗示,体现班级环境的有序性。

请根据上文要点,尝试设计有序的阅读区域环境。

延吉幼儿园 钱 赟

34. 如何设计主题墙

又到了主题墙更换的时候。"师父,究竟应该什么时候开始创设主题墙?"每逢这时,新教师小余就十分困扰。"我们根据主题活动的开展情况来创设主题环境。"带教教师解疑说。"那为什么我上次去组长的班级参观时,他们还把开学初开展的主题环境墙面保留着?到底什么时候需要更换主题墙呢?"小余很疑惑。

 **原理接轨**

环境是重要的教育资源。通过环境的创设和利用,能有效地促进幼儿的发展。主题墙的创设可以为主题活动的开展作铺垫,它提供了师幼、家园互动的平台,在主题活动的深化、成果的展示、资源的共享等方面发挥着关键作用。

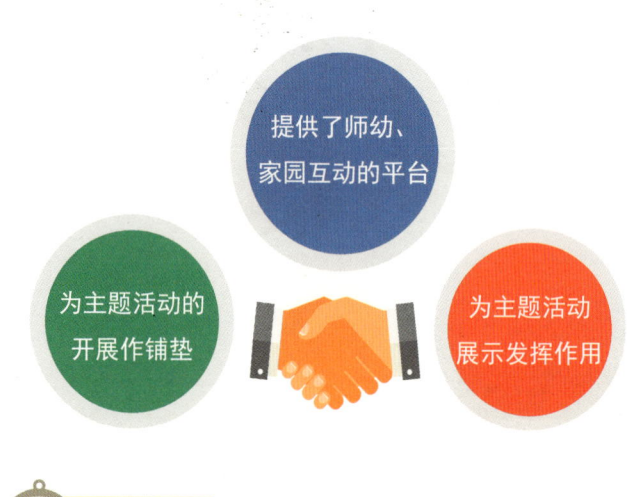

驾驶指南

1. 规划设计板块

　　板块指的是主题墙的组成部分,不同板块共同构成主题中的关键学习内容或幼儿发展脉络。我们需要分析教参,了解主题的发展目标和核心经验,分析了解幼儿的特点和需要，将两者结合形成主题墙面。

2. 提前激发幼儿兴趣

在主题开展前，教师结合幼儿的特点及预设内容创设主题墙，可以让幼儿感受到一种气氛并积累相关的经验，引起幼儿的兴趣及探索欲望。

3. 鼓励幼儿寻找内容

在主题开展时，让幼儿有机会寻找相关内容，激发幼儿对主题深入探索的欲望。丰富的主题墙是幼儿展示自我和自我学习的平台。

4. 适当保留

主题结束后，幼儿对原有主题还有兴趣或原有主题对新的主题有引发、推动作用，则可保留原来的墙面内容。

以目前开展的主题活动为题，写一个主题环境创设的案例，记录环境创设的轨迹。

延吉幼儿园　朱　宁

35. 主题环境的内容来源于哪儿

新学期开始了，大班主题活动"春夏秋冬"正在开启，新教师小李也在紧锣密鼓地布置与之相关的主题环境和墙面。"你的元宵灯真好看，是哪里买的？""城隍庙，那里还有各种各样漂亮的灯，妈妈还带我去吃了汤圆"……恰逢元宵节，班级里的幼儿对节日产生了浓厚的兴趣，这让小李老师不禁思考：元宵节并不是原定主题内的内容，能否将其放到班级环境中呢？

原理接轨

主题环境的创设应随着幼儿的兴趣和能力、主题内容的开展、节日甚至是季节的变化等，不断补充和调整，使幼儿对环境保持新鲜感，与环境产生积极的互动，并从环境中不断获得新知识、新经验和新发展。

幼儿的兴趣和能力

主题环境内容来源

主题内容的开展

节日或季节的变化

驾驶指南

班级主题环境需要教师和幼儿共同创造，要具备趣味性和互动性，能充分发挥幼儿学习的自主性，以此促进幼儿获得全面、有意义的经验。新教师在进行环境创设时，选择的内容可以从以下两方面进行考虑。

1. 来源于主题内容

环境创设以主题内容为线索，教师根据主题开展的需要，以目标为依据，与教学内容相结合来创设环境。环境的布置内容可以由教师引导，幼儿积极参与；也可以是师幼共同讨论得出；还可以是幼儿自发生成的与主题相关的素材内容。

2. 来源于幼儿热点

环境创设也可来源于幼儿近期的热点话题，教师根据幼儿当前的兴趣和需要、幼儿共同生活的矛盾和冲突、幼儿身边的人或事、社会热点话题、节日或季节的变化等幼儿自主生成的内容进行选材，进而创设环境。

关注近期班级中幼儿的兴趣热点，并以此为内容创设相应的互动环境。

延吉幼儿园　符佳然

36. 如何创设午睡环境

新手教师小凯最近在幼儿午睡时遇到了让她头疼的问题：幼儿西西入睡慢，需要教师的陪伴和哄睡。有一次，凯凯一边拍西西，一边问："西西，你怎么还不睡觉呀？"西西回答："凯凯老师，屋子太亮了，我睡不着。"小凯询问搭班教师："这该怎么办呢？"

 **原理接轨**

幼儿午睡是一日活动中的重要环节，良好的睡眠对促进幼儿身体正常发育、促进幼儿机能的协调发展以及增强幼儿体质起着重要的作用。舒适的午睡环境以安静整洁为主，让幼儿走进卧室就知道要安静、不能影响他人，并有入睡的愿望。

 **驾驶指南**

1. 温馨的卧室布置

在空间布局上，床位排列位置要合理，保持通道畅通。色彩上可以尝试用自然温馨的浅色搭配，给幼儿安全感，令他们身心放松。

2. 适宜的光线

进入卧室后，应拉好窗帘、调节好室温和光线。光线不能太亮也不能太暗。太亮会让个别幼儿难以适应，不能尽快入睡；太暗不利于教师巡视和观察幼儿面色。

3. 流通的空气

在幼儿午睡时,教师应巡回观察并做好"两开两关"工作。"两开两关"是指:(1)在幼儿未进入卧室时开窗通风,幼儿进入脱衣时关闭;(2)幼儿入睡时开窗,起床穿衣时关闭。

请根据上文内容,尝试调整本班的卧室环境。

延吉幼儿园　符佳然

37. 如何创设盥洗室环境

新教师小洁本学期带的是新小班。"洁洁老师,俊俊又在厕所里推我。"雯雯哭丧着脸来告状。"洁洁老师,我的手还没洗好凯凯就挤进来,还把水甩在我脸上。"悠悠一脸不满地说道……"厕所间里大家不要推,慢慢来。"小洁每次都要使出全身的力气来大喊维持秩序,但情况并没有多大的改善。

 **原理接轨**

盥洗室环境是幼儿生活环境的一部分。在创设盥洗室环境时，要围绕各年龄段不同的生活活动要求以及盥洗内容进行因地制宜的创设，真正让环境成为幼儿学会生活的助力，让环境成为幼儿生活活动中不说话的老师，起到无声的暗示和提醒的作用。

 **驾驶指南**

在创设盥洗室环境时，要注意做到有序、温馨、美观。

1. 有序就是要体现规范与规则

洗手处，可以布置洗手步骤图或照片来规范幼儿的洗手方法和顺序。便池、洗水池的地面，可以贴上一组"小脚印"或"箭头"，暗示幼儿排队，使其学会等待。

2. 温馨和生活化要体现舒适与方便

除了必备的洁具外，可以安装镜子并配上盥洗示意图或标识，让幼儿了解盥洗用具的正确使用方法。针对幼儿浪费水的现象，可以和幼儿交流，在墙面上贴上"水龙头哭"的形象图片，提醒幼儿及时关闭水龙头，学会节约用水。

3. 环境创设内容要美观大方

盥洗室环境创设的目的是为了更好地为幼儿的盥洗活动内容服务，因此环境创设的色彩要尽可能淡雅统一，不要有过多颜色的冲击，给幼儿造成不必要的刺激。另外，还要考虑图示的大小比例，不要过大过散。

请你尝试创设一个温馨、有序的小班盥洗室环境。

延吉幼儿园　符佳然

38. 如何创设自然角

开学后一周,为了丰富班级自然角,新教师小周在班级群里发布了一则通知:"明天请家长带一些容易发芽的植物来幼儿园给孩子们观察,也可以带一些小动物来哦。"然而,大多数家长带来的是生长缓慢的观赏类植物,几乎每个班级的自然角环境都差不多,平时照顾自然角的也大多是教师,幼儿处于"驻足观望"的阶段。什么样的自然角环境才能真正让幼儿感兴趣呢?

原理接轨

自然角是幼儿观察、体验的重要场所。幼儿通过对常见动植物的观察、照料、管理来了解自然现象，从而促进他们观察探究能力、记录操作能力、交流分享能力的发展。在自然角环境的创设中，需遵循幼儿的年龄特点和思维发展特点，立足于为幼儿提供自主观察、探索以及动手操作的机会。

驾驶指南

幼儿园自然角创设要遵循以下原则：

1. 安全性

场地安全、种植品种安全、工具安全。

2. 适宜性

（1）小班——建议给每人提供一个种植材料，创设有爱的环境，吸引孩子观察、照顾的兴趣。

（2）中班——建议提供利于发芽的各种蔬菜，创设具体的活动情境与活动形式，提高幼儿参与种植的热情。

（3）大班——建议提供利于实验的种子，鼓励师生和生生之间的合作、交流、质疑，不断积累种植经验。

3. 趣味性

包括区域的趣味性、容器和工具的趣味性、标志的趣味性等。

4. 探究性

（1）用不同栽培方式引发幼儿探究：暖棚种植，并将种在水里、沙里、土里的植物进行比较。

（2）不同灌溉方式引发幼儿探索：虹吸现象、自动接水管道。

请你创设一个适合大班探究的自然角。

延吉幼儿园　方 莹

39. 如何创设角色游戏环境

问题岛

刚入职的新教师小敏在开学初碰到一个苦恼的问题，园长要求的环境布置工作中包含了角色游戏环境的创设和布置。她看着教室里诸多角色游戏中用的玩具（娃娃家的餐具、蔬菜、烫衣板、煤气灶、冰箱、洗衣机、沙发、医院和理发店的用具等），不知道还需要创设什么样的环境。

 **原理接轨**

游戏是幼儿园的主要活动形式,角色游戏更是幼儿喜爱的活动。适宜的角色游戏环境可以吸引幼儿主动、自愿、愉快、自由地参与游戏。只有创设适宜的游戏环境,才能让幼儿在自主活动的同时实现自我表现。

 **驾驶指南**

1. 充分利用多维空间

根据角色游戏的主题,教师可以制作漂亮、醒目的招牌,或者利用玩具橱柜进行游戏场地的合理划分。小年龄幼儿的游戏环境要温馨、生活化,提供的游戏材料要与其生活经验密切相关。大年龄幼儿的环境可鼓励幼儿自由创设区域、选择活动材料。

2. 顺应心理发展的需求

以常见的角色游戏"点心店"为例:小班可提供逼真的各类点心店基本用品,创设买卖环境,从摆弄各种与游戏相关的器具开始,让幼儿乐意参与游戏;中班可鼓励幼儿参与主动制作点心店的各类点心和饮品,进一步丰富厨师的游戏情节;大班则可进一步丰富情节,从单一的买卖点心过渡到买卖蔬菜、荤菜，以及营养餐搭配的服务，提供送外卖的小箱子、车子等，逐步拓展游戏内容，增加与其他区域的交往机会。

3. 将主题活动与角色游戏有机融合

利用符合不同年龄段幼儿需求的主题活动内容，寻找契机，有效地与角色游戏进行融合，让角色游戏和主题内容相互呼应、相互依托。如：结合小班"娃娃家"主题开设角色游戏内容"娃娃家""糖果店""小医院"等；中班主题"在马路边"，可支持幼儿开设"服装店""美食店""电话亭""银行"等不同的区域；大班在"我是中国人"主题背景下，幼儿可依据自己的认知水平和生活经验开设"中国菜馆""民族服装店""中国茶馆""民俗用品商店"等内容。

请根据上文提到的要点，调整本班"娃娃家"的游戏环境。

延吉幼儿园　符佳然

40. 如何创设"家园园地"

 问题岛

小陈是今年的新教师,开学前搭班教师让小陈负责班级"家园园地"的设计和布置。小陈去其他班级门口的"家园园地"看了看,想要参考一下其他班级的做法。可是,她发现幼儿园里每个班级的"家园园地"版面和内容都各不相同。这让小陈很困惑,"家园园地"究竟应该如何创设呢?

 **原理接轨**

"家园园地"是教师与家长交流沟通的重要阵地之一。它以图文结合的形式让家长了解班级的教育动态,体现家园互动。由于家长通常是在来园离园的短暂时间内浏览其中的内容,所以在设计时既要注意内容的选择,也要考虑满足不同人员的阅读需求。

注意内容的选择

满足不同人员的阅读需求

以图文结合的形式让家长了解班级的教育动态

 **驾驶指南**

1. "家园园地"可包含以下几个板块

(1)各类活动和计划:当前主题的开展情况、家园配合、月周日计划等。

(2)教育理念推送:结合生活实际和本班特点,介绍科学适宜的育儿方法和理念。

(3)家教经验互动:家长参与,分享心得,普遍问题的互动解答。

（4）通知和信息公告：活动通知、主题开展的物质准备和幼儿前期经验准备等。

（5）班级化特色栏目：本班幼儿的活动照片、有趣对话等。

此外，教师也可以结合幼儿园的特色课程和特色活动，创建相关的宣传栏目。

2. 在排版上要做到

（1）栏目清晰，排版合理。

（2）篇幅短小，字体适宜（兼顾祖辈家长）。

（3）色彩协调，图文并茂。

（4）个性设置，班级特色，如家长留言板（箱）、沟通小便笺等。

请根据上文要点，尝试创设自己班级的"家园园地"。

延吉幼儿园　施侃琪

5 家园

构建尊重、和谐的家园关系，是幼儿园家长工作的基石。著名教育家陈鹤琴先生曾说："幼儿教育是一种很复杂的事情，不是家庭一方面可以单独胜任的，也不是幼儿园一方面可以单独胜任的，必定要两个方面共同合作才能得到充分的功效。"因此，幼儿园应通过有效的家园互动让家长了解幼儿园工作，让家长成为幼儿园有力的合作伙伴并为幼儿健康快乐地成长营造良好的教育环境。

本章结合新教师在工作中的问题情境，介绍了与家长沟通的途径、方法和技巧。更通过具体的活动，让新教师了解到教师自身的素养和行动力是构建和谐家园关系的重要因素。

41. 家访前如何做好准备工作

新教师晓莉今年9月带新小班。开学前,搭班王老师把幼儿入园信息表交给她,并对她说:"我们准备去家访,你先看看这些幼儿的信息资料,同时还要看一下家庭地址,把住在附近的幼儿信息表放在一起。"晓莉知道搭班王老师的用意,但是,家访前还需要做些什么准备呢?

 **原理接轨**

家访是教师与家长和幼儿相互了解的良好时机，是家长工作顺利开启的基础和前提。家访一般分为新生家访、常规性家访、个别幼儿家访。教师每学年都会到班级中每一个幼儿的家中进行家访，也会对有突发状况的个别幼儿进行上门家访。新生家访则是幼儿拿到入园通知书后与教师的初次见面。

新生家访

常规性家访

个别幼儿家访

 驾驶指南

1. 预约确定家访时间

事先和家长联系、预约，确定家访时间。

2. 合理安排家访路线

若是集中家访，事先计划好合理路线，确保准时到达幼儿家中。

3. 事先了解基本信息

（1）熟悉幼儿基本信息。如：非首次家访，必须对幼儿的在园表现、学习习惯、兴趣爱好、同伴交往、个性、优缺点等进行全面掌握，以提高家访的针对性和实效性。

（2）了解家长基本信息。对幼儿家长的学历、职业以及家庭情况等要有所了解，以便与家长进行有效互动。

4. 各种物品准备齐全

家访前教师可准备好记录用的纸、笔以及饮用水、鞋套等。家访前要联系好，新生家访带好幼儿的报名单，以便核对相关信息。

新手试驾

尝试针对新生家访，独立完成一次家访前的电话预约。

延吉幼儿园　戎晓雯

42. 家访时如何交流

今天是小张老师第一次新生家访。在与家长的交流中，他发现家长比较喜欢和较有经验的搭班教师互动，自己因为刚上班，育儿方面的经验还比较欠缺，只能时不时地作些简单的回应，气氛颇为尴尬。小张想：家访时，新教师可以说些什么呢？什么样的话题能激起家长的回应？

家访不仅是教师上门了解幼儿及幼儿家庭情况的一种家园沟通方式,也是增进家园了解、促进今后班级工作顺利开展的良好契机。通过家访,教师可以与家长沟通幼儿情况、交流

感情,进行科学的家庭教育指导。同时,教师也应通过自己的言行,向家长展示自己的专业知识能力以及良好个人素质,使家长对教师产生更多的信任感,消除焦虑感,拉近彼此之间的距离。

1. 入园前的家园配合

第一次新生家访时,除了介绍一些必要的物质准备,还可以将幼儿园的一些基本作息安排向家长作简单介绍,让家长提前调整幼儿的作息时间,使家园作息逐步一致,降低幼儿入园后的不适。

2. 幼儿在园的表现

若是老生家访，教师可以结合幼儿在幼儿园生活、学习、人际交往等方面的具体表现，向家长作介绍。针对幼儿的实际情况，特别是弱势方面，结合年龄特点给予一些习惯培养的建议。

3. 家庭教育的指导

教师事先了解家长的教育理念和家庭教育方法后，可以给予一些经验的介绍和教育的指导，从而更好地促进幼儿的发展。

制定一份家访提纲。

延吉幼儿园　戎晓雯

43. 家长会前要做哪些准备工作

新学期又要召开家长会了，新教师小李心中感到十分焦虑。她生怕自己的准备工作做得不够充分，有所疏漏，影响会议的开展。这不，刚拟好的会议通知被搭班周老师指出遗漏了会议的地点。那么召开家长会前都需要做哪些准备工作呢？

 **原理接轨**

家长会是家园共育的一种有效途径。通过召开家长会，可以使家长全面了解班级一日活动的各个环节及要求，并做好配合工作。通过教师与家长的相互沟通，双方都可以进一步加深对幼儿的了解，从而提高教育的针对性和有效性。同时，家长会也是对家长进行有效家教培训的良好机会。新教师在召开家长会时难免会产生胆怯，感到无从下手。因此更要做好充分的会前准备，使教师能够充分利用机会，达到家园共育的效果。

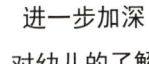

进一步加深对幼儿的了解

全面了解班级一日活动的各个环节　　对家长进行有效的家教培训

 驾驶指南

1. 制订方案

会议方案包括内容、时间、地点、目的、形式、议程、出席对象、资料准备、主持人、人员分工及职责等。

2. 拟定通知

通知应有对家长的称谓和落款以及发出通知的日期（通知应在会议前3-4天发到家长手中）。通知中应写明此次会议的内容、时间、地点、目的、出席对象和会议注意事项或需要得到家长协助的事项。

3. 准备材料

开会前要根据会议的内容性质来摆放桌椅，并准备一张签到桌。一般的桌椅摆放有分散型、半圆形、会议式等，教师要根据会议内容的需要来合理安排桌椅。会议所需要的相关设备（电视机、电脑、PPT等）要事先检查，确保使用效果，凡是出示和发放的资料等都要事先校对，数量准备充分。

4. 调整情绪

家长会前，教师应调节自己的情绪，以一种平和、轻松、愉悦的心态走进家长会。教师应笑脸相迎及相送家长，提升家长对教师的信任和尊重。

请试拟一份家长会通知。

延吉幼儿园　戎晓雯

44. 如何确立家长会的内容

新教师小高第一次召开班级家长会,搭班教师请她思考一下家长会的内容和流程。这下小高为难了,作为新教师的她很焦急。班级家长会应该向家长们介绍些什么呢?

 **原理接轨**

家长会是家园之间传递信息、传达理念的桥梁,是建立家园共育的基础。开学第一周或第二周,通常是班级召开学期初家长会的最佳时期。对于不同年龄的幼儿,教师在安排设计家长会的内容时应该有不同的侧重点。

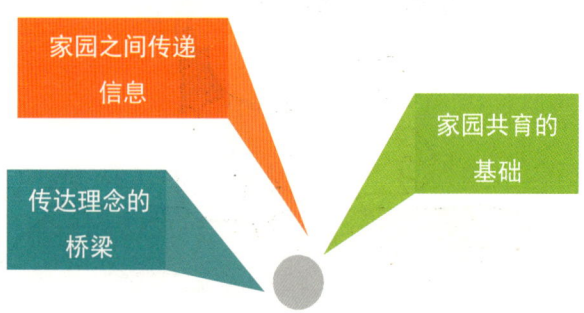

驾驶指南

家长会一般都要有欢迎词、流程介绍、具体内容展开和结束语这几个环节。作为新教师来说,每次的家长会要事先与搭班教师沟通,共同确立内容,通常可以从以下几方面来思考。

1. 侧重幼儿年龄特点

不同年龄段家长会的侧重点是不同的。小班侧重于引导家长了解幼儿园一日作息、幼儿在园的学习和生活常规;中班侧重于分析班中幼儿的常见问题,并让家长了解幼儿园的教育教学重点；大班则侧重于幼小衔接，帮助家长梳理幼儿能力和习惯的培养。

2. 依据幼儿发展情况

教师结合教育教学重点以及平时对幼儿的观察，全面介绍班级幼儿的发展水平并分析幼儿在园表现。介绍过程中，教师应尽可能做到所有的幼儿都被表扬，如：大胆主动表达的幼儿、语言表达有显著进步的幼儿、自理能力强的幼儿……

3. 结合家园共育工作

结合本学期和本班的工作重点，把需要家园共育以及家长配合的工作内容具体地告知家长。通常可以先讲家园共育的必要性，然后讲需要家长如何配合。

第二学期开学了，请撰写一份班级家长会的内容。

延吉幼儿园　陆莉琼

45. 如何调动家长参加家长会的积极性

本次班级家长会由新教师小方担任"主讲"。会议刚开始时，家长们都听得很认真，可是慢慢地，有的家长自顾自玩起了手机，还有几个家长开始轻声闲聊起来……小方老师很纳闷：为什么会议过程中家长的积极性不高？召开家长会时应该怎样做才能提高家长的兴趣，让家长集中注意力呢？

 **原理接轨**

家长会一般由幼儿园或教师发起,面向幼儿家长,以教师的介绍、教师与家长交流互动为主。召开家长会时,教师介绍和讲解的内容、会议的形式、时间的把控等都直接影响着家长参与的积极性。

家长参与的积极性
- 教师介绍和讲解的内容
- 会议的形式
- 时间的把控

 **驾驶指南**

1. 少理论、多举例

教师的讲解应注意避免过多、过长的理论知识,以免因枯燥乏味而使家长缺乏兴趣。可以根据主要内容,采用案例分析、实例介绍等方式,结合具体的情境和事例来开展,使讲解更具体、更生动。

2. 有视频、有作品

召开家长会时,播放幼儿活动的视频或展示幼儿在园完成的作品往往能吸引家长的注意力。在观看视频和作品时,家长能更直观地了解幼儿(尤其是自家孩子)的表现,感受到教师对幼儿的关注,同时获得内心的满足感和愉悦感。

3. 重交流、多互动

家长会的主要目的是开展家园沟通和交流,切忌变成"教师一言堂"。在会议形式上可以开展互动游戏、问题辨析、小组讨论等,设置家长交流互动的环节,充分调动家长参与的积极性。

撰写一份家长会后的反思。

延吉幼儿园 许 琴

46. 家园沟通的主要形式和内容有哪些

新教师小何发现家长们遇到问题总是第一时间与搭班教师孙老师沟通，平时也更愿意、更喜欢与孙老师进行交流和互动。她决定"主动出击"，走近家长，加强家园沟通。那么，家园沟通的主要形式和内容有哪些呢？

原理接轨

《幼儿园工作规程》中明确要求:"幼儿园应主动与幼儿家庭配合,帮助家长创设良好的家庭教育环境,向家长宣传科学保教、教育幼儿的知识,共同担负教育幼儿的任务。"因此,做好家长工作是幼儿园的重要职责,作为教师,明确家长工作的内容,选择合适的方法,才能使保教工作取得事半功倍的效果。

驾驶指南

一般来说,家园沟通的主要形式和内容有:

1. 面对面沟通

(1)来离园时间的简短交流:入园时交流幼儿前一日在家表现;离园时交流幼儿当日在园情况。

(2)家访:了解幼儿家庭背景和生活注意事项,或探望生病等特殊情况幼儿。

(3)面谈:和家长约定时间,就幼儿行为的某一现象进行面对面深入交流。

2. 借助通讯工具沟通

(1)电话(微信):主要针对家长使用,可用于与不经常来园接送的家长联系沟通。

(2)网络平台:建立班级网络平台,发布幼儿在园情况和活动照片,让家长能直观了解幼儿在园情况。

3. 活动中沟通

(1)家长会:交流近阶段保教重点和幼儿的在园表现,探讨育儿经验和困惑。

(2)家长开放日:向家长展示幼儿园的各项活动,让家长近距离观摩和了解幼儿在园的发展情况。

4. 间接沟通

(1)家长园地:提供一周内每日的活动安排,告知家园合作内容,宣传家教方面的知识。

(2)小型专题展:用图文并茂的方式展示幼儿近期活动情况、家长征文、亲子自制作品等。

选择一位不经常来园接送幼儿的家长,用微信的方式向其反馈幼儿在园的情况,并针对该幼儿的某一个性特点或现象进行深入交流。

延吉幼儿园　许　琴

47. 如何与个别家长沟通

 问题岛

"老师，敏敏又打我了。"
"老师，敏敏抢我的玩具。"
"老师，敏敏推我！"
……

敏敏是家里的"大王"，也是班上的捣蛋鬼。在幼儿园里，只要班上出现状况，其中必定有他。除了不守规矩，他还喜欢打人，班上的小朋友看到他都想躲避。面对这样的问题幼儿，教师应该怎样与家长进行个别沟通呢？

 **原理接轨**

学龄前儿童调皮捣蛋是很正常的。但是,如果家长过于放纵自己的孩子,使得孩子养成不良习惯,影响、打扰到其他幼儿的正常生活,就会影响幼儿良好社会性的发展。作为教师必须及时与家长沟通并加以指导。

案例中敏敏的行为属于攻击性行为,这是处在学龄前儿童期的幼儿经常出现的一种问题。通常是因为家庭中一些不好的教育因素给幼儿带来很多负面影响,从而引起幼儿产生攻击性行为。作为教师非常有必要与家长进行沟通并给予正确的引导。

 驾驶指南

1. 因人而异的沟通

由于家长年龄结构、文化程度、教育需求、个人素养的不同,教师会碰到形形色色的家长群体。因此,教师要先沟通了解该家长的家庭、工作等背景作为参考,同时要梳理关键问题,做好沟通前的准备工作。

2. 因事而异的沟通

在反映幼儿存在攻击性行为时,切记只反映幼儿的不足和问题,以免引起家长的不满情绪,尽量以如何帮助幼儿改正缺点为切入口与家长沟通。同时,要给予家长一些建议和方法,通过家园共育形成良好的教育效果。

3. 因地而异的沟通

在与个别家长进行沟通时,要注意避开其他家长和幼儿。新教师要"以心交心",让家长真正体会到教师的良苦用心。

4. 协调一致的沟通

要帮助家长建立主动与教师联系的意识,主动了解幼儿在园的学习、生活状况,有计划地配合幼儿园开展教育。针对幼儿存在的问题,家庭教育要与幼儿园教育保持一致,同时家庭内部成员对幼儿的教育也要统一,教育步调要一致。

新手试驾　尝试以"个案"记录特殊幼儿的情况(有计划、有实录、有策略、有反思)。

延吉幼儿园　缪　峻

48. 家园活动的类型有哪些

临近新年,幼儿园需要组织一次家园活动,教研组的教师们在一起讨论活动的组织形式,有的说可以设计游园会,有的说组织运动会也不错,大家热烈地讨论着……作为新教师的琳琳这才发现,家园活动的内容那么丰富。琳琳想知道什么时候可以组织家园活动?家园活动有哪些类型?

 **原理接轨**

家园活动的目的是让家长了解幼儿在园的情况，增进家园之间、家长与家长之间的互动，让家园的合作互动更为紧密。家园活动可以采取多种形式，让家长感受幼儿在园生活的丰富多样性。

- 让家长了解幼儿在园的情况
- 增进家园之间的互动
- 让家园的合作互动更为紧密

 **驾驶指南**

1. 与主题相结合的家园活动

如：结合主题"在秋天里"，我们可以组织亲子郊游活动，让幼儿在感知秋天季节特征的同时增进亲子情感。

2. 与节日相结合的家园活动

如：结合重阳节，开展亲子活动，激发幼儿关爱长辈的情感；结合"三八"妇女节，开展家园活动，激发幼儿爱妈妈、爱外婆、爱奶奶的情感。

3. 与幼儿发展相结合的家园活动

如:新小班开学时,组织"亲子乐翻天"的家园活动,让家长陪伴幼儿入园,既可以安抚幼儿的情绪,又能让家长了解幼儿园的作息,让家长观摩到幼儿进餐、盥洗、与同伴间的相处等。

新手试驾 结合"六一"儿童节,设计组织一次家园活动。

延吉幼儿园 施侃琪

49. 如何组织家园活动

 问题岛

在迎新家园活动中,新教师雯雯设计了亲子制作的环节,让爸爸妈妈和幼儿共同制作一个红灯笼。在活动中有一位幼儿不小心把材料弄坏了,可是雯雯老师没有准备额外的材料,临时寻找替代材料让她在家园活动中手忙脚乱。事后,雯雯反思自己的准备工作不够充分。她想知道:如何才能组织一次成功的家园活动呢?

 **原理接轨**

家园活动对于教师来说是全方位地展示幼儿在园的表现情况,对于家长来说是为数不多的亲眼见证幼儿在园生活的机会,其对促进家园共育、推动家园合作的意义不言而喻。有序的家园活动不仅需要活动前的充分准备,同样需要活动中的细致观察以及活动后的及时总结和反思。

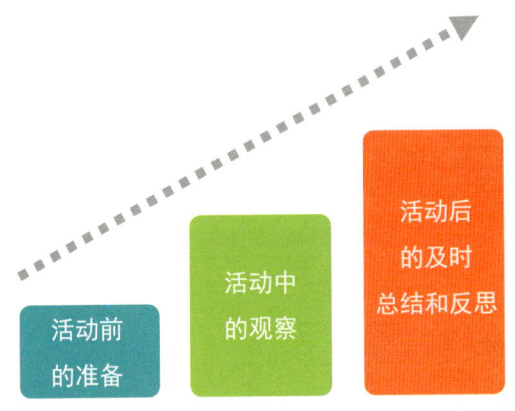

 **驾驶指南**

1. 活动前充分准备

(1)制订详细的活动计划、做好环境与材料准备(如:场地布置,活动用的道具、服装、器材等准备)。

(2)为幼儿做好必要的心理和物质准备。

（3）与家长沟通，让家长明确活动目的、活动准备等，统计参加活动的人数。

2. 活动中关注和引导

（1）需要特别关注幼儿活动安全，维持幼儿活动的秩序。

（2）留意一些较为特殊的幼儿和家长，给予一定的帮助，使活动能顺利开展。

3. 活动后及时总结

（1）组织幼儿谈话。让幼儿分享在活动中的成功和快乐，与幼儿共同解决在活动中遇到的困难。

（2）及时小结反思。可以通过与家长个别沟通、家长问卷等形式提炼成功经验，反思活动不足并商讨修改建议，为今后的活动积累经验。

请你组织一次家园亲子运动会，你需要事先做好哪些准备？

延吉幼儿园　施侃琪

50. 来离园时如何与家长沟通

小李是一名新教师，每天幼儿来离园时，小李都不知道应该与家长交流些什么内容，所以总是很害怕与家长主动沟通，往往只会回答家长提出的问题。小李并不清楚在来离园时，有哪些情况可以与家长沟通。

 **原理接轨**

教师可以利用来离园时间与家长进行短时沟通。如家长有紧急事件可在来园进行，除此之外，建议一般将沟通放在离园时，与家长一起交流彼此的观点，求得互相理解和支持。教师如果能充分利用这段短暂的时间，根据不同类型的家长进行具有及时性、技巧性、针对性的沟通，往往可以取得较好的效果。

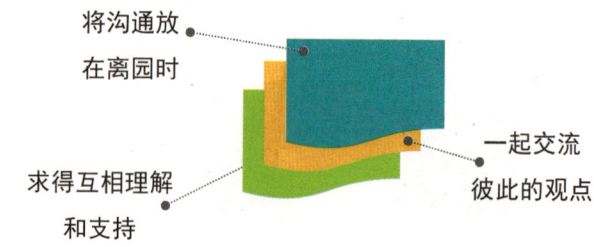

 **驾驶指南**

1. 及时性沟通

如果幼儿在园发生身体不适、意外受伤、与同伴之间发生矛盾、尿床、尿裤子等突发情况，教师要将处理后的情况及时、主动地与家长进行沟通。

2. 技巧性沟通

对于家长特别关注的问题，如：幼儿情绪、进餐、午睡等，教师可向家长进行详细反馈。

3. 针对性沟通

针对幼儿的进步表现,教师在一日活动中要善于发现和挖掘,并主动告知家长。

新手试驾　针对班级某一位幼儿的现状,离园时尝试与家长进行沟通。

延吉幼儿园　王寒斐

6 其他

　　幼儿园教师的工作是琐碎的、辛劳的。除了要具备一定的专业能力外，还需要了解和掌握其他领域的知识和基本技能，比如：安全知识、急救知识、健康饮食、信息技术。此外，良好的语言表达、规范的书写和手工环创等，也都渐渐成为一名幼儿园教师必备的素养和技能。可以说，幼儿园教师就像一名全能型选手，什么都要知道一些，什么都得会做一些。

　　作为新手教师，究竟该如何看待职业特点，如何充实和提高自身的职业素养，在本章应该能够找到些许答案。

51. 如何让离园井然有序

小丽是刚入职的新教师,每天组织幼儿离园时,祖辈家长们纷纷挤在门口呼唤自家宝贝的名字:"豆豆、豆豆!""东东,奶奶来啦!""欣欣,来来来!"小班幼儿一看到自己的家长,一窝蜂涌向教室门口,场面十分混乱。因此,每次离园时小丽都感到非常紧张和困惑。怎样才能让离园井然有序呢?

 **原理接轨**

离园活动是幼儿园一日生活的重要组成部分,是教育过程中不可忽视的重要环节,也是家长们了解幼儿园的一个窗口。如何让这一环节更加有序合理,为幼儿愉快的一日生活画上圆满的句号,是新教师需要把握的重点。新教师应该围绕"稳定情绪、注意安全、有序离园"的原则,组织幼儿做到井然有序地离园。

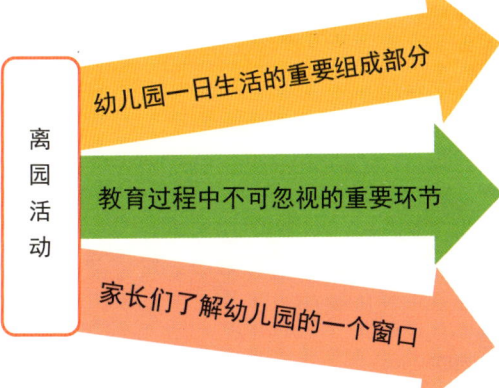

 驾驶指南

1. 稳定情绪

在离园前,组织幼儿进行安静的活动,将幼儿情绪稳定下来,等待离园。

2. 注意安全

教师站位要两头兼顾,既能与家长作简单的交接,又能关注每个幼儿的情况。把每一位幼儿安全地交到家长手中,若是陌生人来接必须先电话联系家长,确认之后才能让幼儿离园。

3. 有序离园

引导并组织家长在教室门口有序排队,便于教师一个一个叫唤幼儿名字,有序离园。如需与个别家长作较长时间的交流,请其留到最后进行。

在教研组活动中,请以故事描述的形式与组内教师分享离园活动中的案例。

延吉幼儿园　王寒斐

52. 教师离园前如何做好班级管理

一大早,幼儿园保安师傅就跟小刘老师说:"小刘老师,昨晚我们巡逻时,发现您教室里的灯开着,窗户也没有关紧,下次可要注意啊!"小刘老师听完感到非常羞愧,知道是自己疏忽了,但她心里也十分疑惑。教师在离园前应该如何做好班级管理工作呢?

 **原理接轨**

结束了一天的幼儿园工作,幼儿离园后的班级管理工作也不容忽视,而新教师往往会忽视这一点。教师在离开教室前应当做好一些必备的善后工作,一是保证教室的整洁,二是排除潜在的安全隐患,此外还应为第二天的工作做好准备。

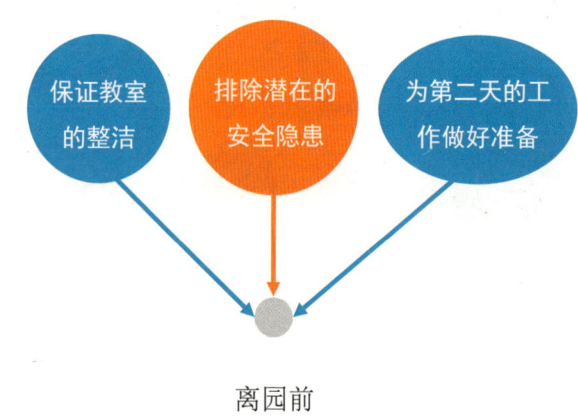

离园前

 驾驶指南

1. 整理教室

将教室内的玩具和桌椅摆放整齐,冲洗盥洗室,关窗,打开消毒灯。

2. 检查设备

关掉电视、电脑、空调等电器设备,检查班级所有电源插座。

3. 做好准备

准备好第二天幼儿游戏和学习所需要的各类材料,若有大型活动也要提前做好各项准备工作。

新手试驾　第二天一早要进行家长开放活动,教师在前一天放学后应当做一些什么工作?

延吉幼儿园　陈文嘉

53. 如何护理体弱幼儿

新生家访时，家长对小李老师说："我们家豆豆是早产儿，体质比较弱，麻烦老师多关注一下。""好的，那么豆豆有没有对什么物品过敏？"小李老师仔细询问道。"暂时还没有发现。"小李老师都详细地记录下来。不料开学一个星期还不到，豆豆就发烧了，小李老师很困惑，到底要如何护理体弱幼儿呢？

 **原理接轨**

体弱幼儿是指由于先天不足或后天反复疾病困扰而使生长明显受到影响的幼儿。他们相对于一般幼儿更容易生病。为了保证他们在园的活动时间和活动质量,在一日生活中需要教师和保育员根据天气、活动内容等有针对性地调整护理方法。

 驾驶指南

1. 午睡护理

午睡可以将体弱幼儿的床位安排在便于教师护理和观察的位置,教师加强午睡过程中的巡视观察,一有异常情况,及时与家长沟通联系。

2. 进餐关注

了解体弱幼儿是否有过敏原和过敏史,若有,要记录并张贴在显著位置,便于教师与保育员相互提醒。

3. 运动调节

运动前事先帮体弱幼儿垫好毛巾，在运动中时刻关注并调节幼儿的运动量，及时提醒幼儿休息，增减衣物等。另外，若有幼儿是花粉、柳絮过敏，春季尽可能远离有过敏原的活动区域。

4. 其他个别情况

对于近期感冒、咳嗽或是肠胃不适等体弱幼儿，教师应加强与家长的沟通。及时告知其他两位教师，在交接班记录本上详细记录。要做到多留意、多观察。

若家长告知，幼儿这几日感冒了，你该怎么做？

延吉幼儿园　周　妍

54. 如何引导特殊幼儿

"快跑！哈哈哈！来追我呀！冲啊！"又是乐乐。"乐乐，到李老师这里来！"新教师小李跟在其后，呼喊道。但是乐乐根本不理她，还是自顾自地在教室里随意乱跑，大声喊叫，甚至欺负别的小朋友。新教师小李一筹莫展。

 **原理接轨**

特殊幼儿是指在言语、感官、智力、情绪、肢体和行为等方面与正常幼儿有显著差异的幼儿。引起他们异常的原因可能是先天因素、后天交往因素或适应集体时无法自我调节的个人因素等。为了帮助这些特殊幼儿更好地适应幼儿园生活，促进其身心健康发展，新教师需要针对这类幼儿分别跟踪、观察、记录，对其进行分析、思考和引导。

 驾驶指南

1. 家园沟通，寻求根源

发现幼儿出现特殊行为之时，教师应第一时间联系家长，询问幼儿在家时的表现和相关情况，以帮助幼儿找出产生特殊行为的原因。

2. 放大优点，增强自信

面对行为特殊的幼儿，教师更应该把握教育契机，发现幼儿的优点，增强其自信心，通过鼓励、表扬和肯定等方式，逐步引导幼儿转变和修正行为，从而和谐地与同伴相处。

3. 耐心细心，以情动人

面对出现特殊行为的幼儿，教师应抱着平常心，平等对待。同时，教师要付出更多耐心，帮助幼儿建立和谐的师生关系和玩伴关系。

4. 抓好个别，以点带面

在平时的一日活动中，教师应加强对行为特殊幼儿的个别引导和观察，及时制止其特殊行为。

遇到经常打人的幼儿，你该怎么做？

延吉幼儿园　周　妍

55. 如何养护肥胖或营养不良的幼儿

问题岛

胖胖小朋友因体型而得名,在一次户外运动中,小李老师组织幼儿一起玩贴人游戏,每次轮到胖胖,他都会跑到精疲力竭也抓不到别人。小朋友们都说:"哎,都是胖胖,这样我就不能来抓人了!"胖胖听了也不开心。新教师小李很是犯愁,不仅是在运动中,在各项幼儿园活动中胖胖都因为胖而落后于其他幼儿,小李该如何帮助胖胖呢?

 **原理接轨**

肥胖幼儿是指体重超过同性别、同年龄健康儿或同身高健康幼儿平均体重的 2 个标准差,或超过同年龄、同性别平均体重的 20% 的幼儿。营养不良幼儿是指营养素缺少或过多,及其代谢障碍造成机体营养失调的幼儿。肥胖和营养不良,都是威胁幼儿健康的重要因素,可导致幼儿循环、呼吸、消化、内分泌、免疫等多系统损害,影响幼儿的智商、行为、心理及身体发育。因此在学龄前关注和护理肥胖或营养不良的幼儿,帮助其养成良好的生活和作息习惯,进行科学育儿至关重要。

 **驾驶指南**

1. 制定措施,各供所需

配合保健老师,一起督促肥胖幼儿加强锻炼,提供每天半小时额外的锻炼时间。为营养不良幼儿提供营养加餐,修正幼儿的不良饮食习惯。结合幼儿自身情况,及时提醒家长带幼儿去儿童保健机构做定期检查。

2. 家园配合,科学喂养

不定时与家长沟通,宣传科学喂养方式。针对幼儿的不同情况,引导家长调整家庭饮食结构,如:肥胖幼儿少吃油炸食物,尽量不喝甜饮料,减少甜

其他

食和高糖分水果的摄入；营养不良幼儿应注意全面均衡饮食等。

3. 根据情况，增减餐量

在进餐环节，提醒肥胖幼儿细嚼慢咽，餐前先喝一碗汤，增加饱腹感。对于营养不良的幼儿，要针对其不同情况适量增加相对高蛋白、高热量饮食的摄入或适当增加饭量。

新手试驾

以班中肥胖或营养不良幼儿为对象，做一份个案跟踪记录。

延吉幼儿园　周　妍

56. 如何开展安全教育

"小朋友，今天我们来说说如何安全过马路。""你是如何过马路的？""你在马路边发现有什么？"新教师小何一连提了好几个问题。但是幼儿兴趣不高，对活动内容印象也不深。新教师小何陷入了困惑：除了集体教学活动，还有没有其他开展安全教育的途径和方法呢？

 **原理接轨**

安全教育是幼儿园教育的基础,主要包括交通安全教育、日常生活安全教育、自然灾害中的自我保护等。幼儿教师应通过多种途径加强对幼儿安全意识和自护能力的培养,确保将幼儿安全教育落到实处。幼儿教育强调生活化、情境化和游戏化,因此,安全教育也应融入幼儿的生活环境中,渗透到幼儿一日活动的各个环节中,这样构建起来的"安全经验"才是最为有效的。幼儿的生活环境也是多元化的,只有幼儿园、家庭和社会一起联动,形成教育合力,才能真正为幼儿筑起一道安全屏障。

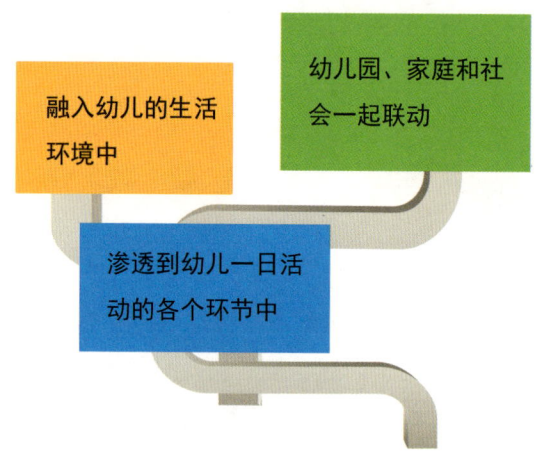

 **驾驶指南**

安全教育应渗透在一日活动的各个环节，对幼儿进行安全教育可以从幼儿园、家庭、社会三个方面入手。

1. 通过集体教学活动、大活动（如：逃生演习）、游戏活动等途径开展幼儿安全教育。

2. 通过家园共育，利用社区资源（如：参观消防大队）共同提高幼儿的自我保护意识。

对幼儿进行安全教育的方法有环境暗示法、游戏模拟法、情感体验法、日常渗透法等。

 请利用社区资源开展一次安全教育活动。

延吉幼儿园　邹　琼

57. 如何防控传染病

 问题岛

"小周老师,班中是不是有幼儿患了手足口病?""这种传染病厉害吗?""我们到底是来园还是不来园?该注意点什么?"班中有一位幼儿被查出患了手足口病,家长们纷纷焦急地向小周老师求证解疑。小周老师新上任,也是首次遇到这种情况。需要做好哪些相关的预防、消毒工作?是否需要如实告知全班家长?如何向家长宣传、安抚家长的情绪?小周老师有些犯愁。

 **原理接轨**

幼儿常见的传染病有手足口病、流行性感冒、麻疹、风疹、猩红热等。春秋两季气温多变,也是幼儿传染病高发的季节。许多幼儿常见的传染病,都是经由空气飞沫等呼吸道传染,加上幼儿自身的抵抗力差,一旦感染,特别容易传播。因此,幼儿园及教师要特别做好日常消毒工作和相关宣传预防工作。当发现首例传染病时,教师应在保健老师的指导下,与保育员共同做好班级的消毒工作。除了对病发幼儿进行跟踪了解,还要及时告知家长,向家长宣传传染病防控措施,以确保传染病不续发。

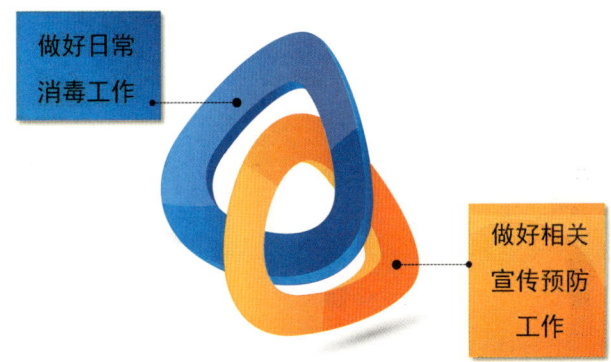

驾驶指南

防控幼儿传染病，须做好以下工作：

1. 与保健老师、搭班老师和保育员共同做好班级消毒工作。

2. 对幼儿进行勤洗手等习惯培养的相关教育，帮助幼儿养成良好的个人卫生习惯。

3. 通过"园园通""家园之窗"向家长宣传传染病的预防措施。

4. 加强幼儿户外锻炼，保证幼儿足够的活动时间，提高幼儿自身的抵抗力。

5. 当发现传染病时，须及时与家长联系，了解幼儿病发前的来园情况、病因、症状等，还要对病发幼儿进行持续的跟踪了解。

6. 在保健老师的指导下梳理病因、症状以及隔离措施，并告知班中所有幼儿的家长。

请通过"园园通"或"家园之窗"向家长宣传幼儿常见传染病的预防措施。

延吉幼儿园　邹　琼

58. 如何预防幼儿意外伤害

　　运动时间到了，新教师小陈带领幼儿开始运动。"老师，老师，晶晶在跳轮胎时脚崴了。""老师，老师，熙熙跑步时摔跤了，膝盖蹭破皮，在一边哭呢……"陈老师又累又急，望了望穿着凉鞋和连衣裙参与运动的幼儿不知所措。在运动中幼儿这么容易出现安全问题，这可怎么办？如何才能预防幼儿意外伤害呢？

 **原理接轨**

意外伤害事件是指外来的、突发的、非本意的,使身体受到伤害的事件。3~6岁幼儿年龄小,自我保护能力弱。因此教师在组织一日活动时须关注各种安全因素,及时排除安全隐患,防止幼儿发生意外伤害。

意外伤害:指外来的、突发的、非本意的,使身体受到伤害的事件。

 驾驶指南

1. 针对不同年龄段的幼儿设计相应的安全教案,加强安全教育(如:远离热源、不攀爬高物、不带尖锐物品来园、安全取放剪刀)。

2. 加强巡视,发现安全隐患及时上报,追踪处理(如:桌角等尖锐物件边缘是否有防护套、拖线板不裸露在外、插座不安装在幼儿能触及的地方、活动场地及器材是否安全)。

3. 引导幼儿穿适宜的服装参与运动。

4. 活动中教师应选择合适的站位,既要面向全体,又要注意个别。

室内运动开始前,教师应做好哪些准备工作?

延吉幼儿园　钱　赟

59. 如何引导幼儿安全自护

问题岛

每次集体活动结束后小朋友们进入盥洗室如厕和盥洗,新教师小徐总是提心吊胆的。有的小朋友为了快一点洗好手,不好好排队、在队伍中挤来挤去,还有的在盥洗室里跑来跑去玩起了游戏,冲撞到同伴。如何引导幼儿在盥洗室中安全自护,成了新教师小徐亟待解决的难题。

 **原理接轨**

自我保护能力是一个人在社会中保护个体生命安全的最基本能力。孩子在幼儿期由于生理、心理发展尚未完善，其自我保护能力相当缺乏，一不小心就容易发生事故，影响幼儿的安全。活泼好动是幼儿的天性，越是年龄小的幼儿，在规则意识和秩序感方面就越薄弱。

自我保护能力 —— 是一个人在社会中保护个体生命安全的最基本能力

 驾驶指南

1. 让幼儿分批、分组盥洗，避免拥挤。

2. 结合班级的实际情况进行集体商讨，形成与同伴相处的行为公约：等一等、不推不抢等，并在一日活动中督促幼儿遵守。

3. 在盥洗室的地面提供脚印标识、在盥洗室的墙面上布置安全自护相关的标识或图片，予以幼儿提醒与暗示。

4. 随时注意地面是否有水,避免幼儿滑倒。

5. 注意幼儿性别隐私,可安排男孩女孩分批如厕,或在厕所内布置隔断。提醒幼儿注意保护自己的私处。

根据班级幼儿的年龄特点,在盥洗室中布置安全自护相关的标识或图片。

延吉幼儿园　刘　念

60. 新教师如何穿着才得体

午睡的时候,小文老师在卧室里走来走去巡视,"佳佳,你怎么还没睡着?""文文老师,你鞋子的声音特别响,我睡不着。"佳佳难受地说道。"是的,笃笃笃……笃笃笃……烦死了!"小调皮杰杰也附和道。小文老师低头一看,今天自己穿了一双高跟鞋来上班,在安静的环境中显得特别刺耳,影响了部分幼儿午睡,但小文老师之前没有意识到这一点。

 原理接轨

初为人师的新教师,在着装上要大方得体,尤其要符合教师的身份,便于护理幼儿。教师不能标新立异、着奇装异服,更不能影响正常教育教学活动的进行。长发披肩、穿高跟鞋和短裙等都不便于组织幼儿活动,尤其是高跟鞋,既不利于为幼儿营造安静的午睡环境,更无法在运动中正常开展活动。因此新教师的着装要尽可能轻便、运动、舒适、大方。

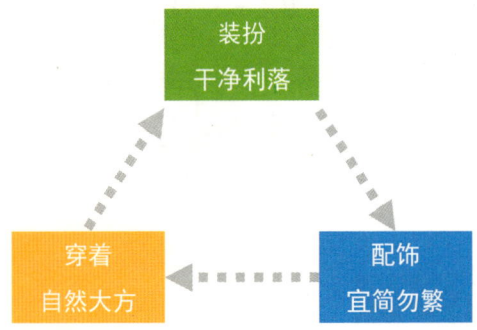

 驾驶指南

1. 穿着自然大方

教师穿着应自然大方,在衣服的选择上要尽可能避免衣领太低,避免超短裙、热裤、拖鞋、高跟鞋等装扮。应尽可能选择舒适透气的运动装扮以及

低跟的平底鞋或运动鞋。

2. 装扮干净利落

妆容宜简单清新,勿化浓妆,长发勿披散,指甲勿长勿尖。

3. 配饰宜简勿繁

不佩戴过于夸张、有凸起的配饰,如凸起的戒指、胸针、过长的项链等。尽可能在带班过程中避免或减少不必要的配饰,杜绝不安全的因素。

请根据小班幼儿的年龄特点,搭配一身适合带小班的着装。

延吉幼儿园　王寒斐

后记

教育大计，教师为本。对年轻教师来说，其职业发展的"第一粒纽扣"能否系好，见习教师的规范化培训至关重要。

面对见习教师在规范化培训过程中遇到的难题，由杨浦区教育学院牵头，组织对见习教师进行了问卷调查，本书编写组提炼出300多个最棘手的问题，并组织80余位有经验的优秀带教教师，分学段、分模块为见习教师"诊断解惑"。经过几年来的实践探索，多次统筹修改，数易其稿，2018年6月底审定完成，8月交付出版。

为了更有效地固化成果，杨浦区教育学院决定将此集结成册。特别感谢上海市师资培训中心对杨浦区见习教师培训工作予以深切的关心，感谢培训基地学校、聘任学校的领导和教师在基础教育一线的辛勤付出，感谢编写组成员的艰苦探索，延吉幼儿园李黎、陈旭婕、刘念、朱凯宇、成思艺等承担了图片配置工作。本书编写组成员学校包括延吉幼儿园、本溪路幼儿园、明园村幼儿园、向阳幼儿园、翔殷幼稚园等。在近 5 年不断修订的过程中，是教师们的创造性劳动保障了本书的顺利出版。在此，对参与本书编写的学校和教师表示最真挚的感谢！

  此外，还要特别感谢杨浦区教育局吴巍副局长、人事科吴瑜科长、上海师范大学吴国平教授及上海市师资培训中心教师专业发展管理部任洁副主任等市、区领导和专家的关心支持，以及专业指导与帮助。

  于此，我们也将不忘初心，砥砺前行。帮见习教师扬帆，助见习教师起航，为杨浦区见习教师规范化培训做出贡献。

上海市杨浦区教育学院

2018 年 8 月

图书在版编目（CIP）数据

新手教师进阶手册：学前版/徐国民主编；王晓燕分册主编. -- 上海：上海教育出版社，2019.1
ISBN 978-7-5444-8839-6

Ⅰ.①新… Ⅱ.①徐… ②王… Ⅲ.①学前教育—教学参考资料 Ⅳ.①G613

中国版本图书馆CIP数据核字(2018)第296640号

责任编辑　宁彦锋　茶文琼
封面设计　王　捷
印装监制　朱国范
插图绘制　施雅文

新手教师进阶手册（学前版）
徐国民　主编

出版发行	上海教育出版社有限公司
官　网	www.seph.com.cn
地　址	上海市永福路123号
邮　编	200031
印　刷	上海中华商务联合印刷有限公司
开　本	890×1240　1/32　印张 6.5
字　数	115千字
版　次	2019年4月第1版
印　次	2019年4月第1次印刷
书　号	ISBN 978-7-5444-8839-6/G·7321
定　价	40.00 元

如发现质量问题，读者可向本社调换　　电话：021-64377165